朱自清談

中國歌謠

從古至今的歌謠紀事

朱自清——著

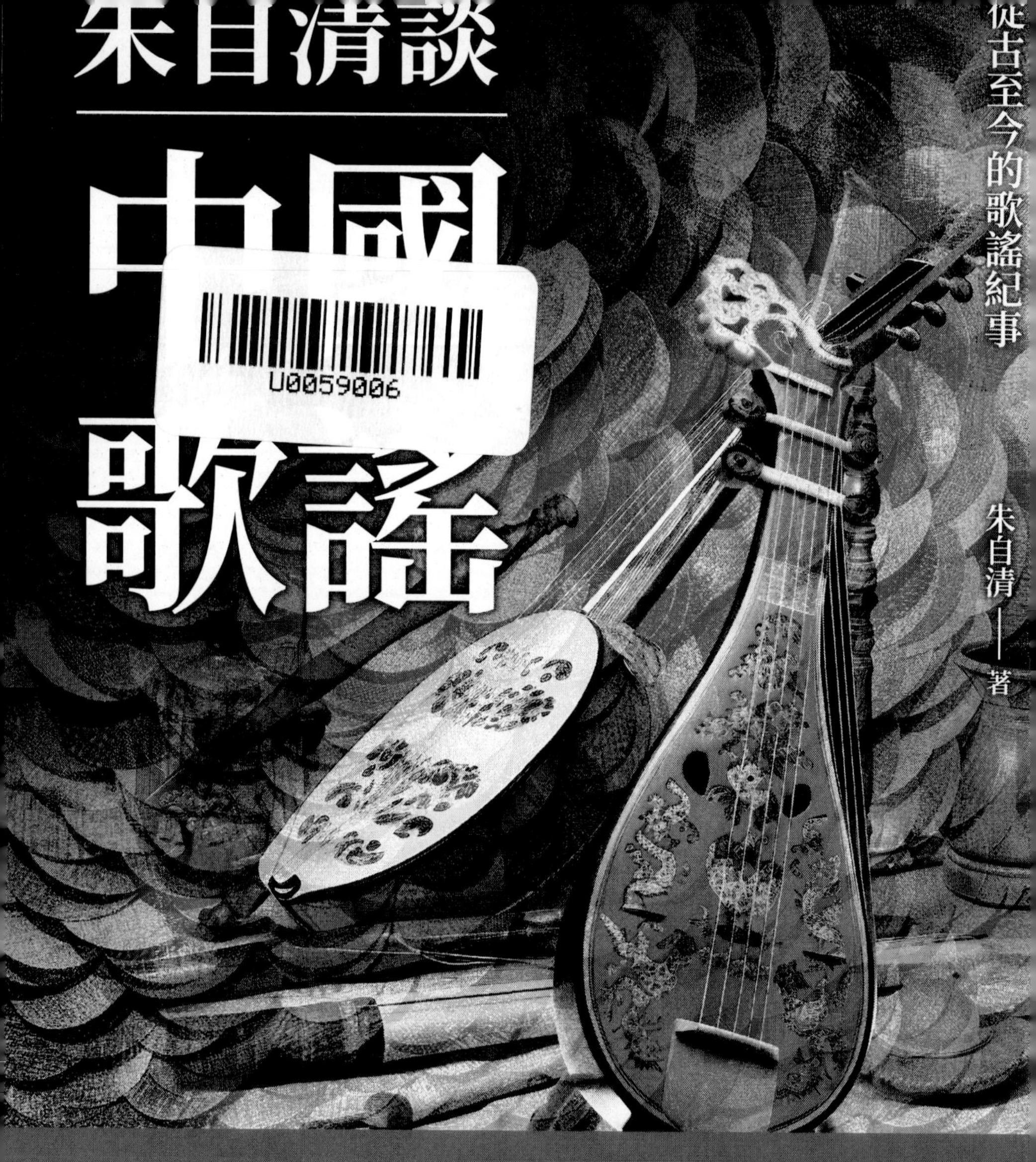

【中國現代歌謠的必讀經典】

起源、歷史、分類、結構、修辭

朱自清全面解析中國歌謠——

目錄

一　歌謠釋名

【歌謠與樂】

《詩經．魏風．園有桃》裡有一句道：「心之憂矣，我歌且謠。」《毛傳》說，「曲合樂曰歌，徒歌曰謠。」陳奐《詩毛氏傳疏》九申其義云：「『合樂曰歌』釋『歌』字。《周語》，『瞽獻曲』，韋注云，『曲，樂曲。』此『曲』之義也。『徒歌曰謠』釋『謠』字。《爾雅．釋樂》，『徒歌謂之謠。』此傳所本也。《說文》，『䚻，徒歌。』，古『謠』字，今字通作『謠』。《初學記．樂部上》引《韓詩章句》云，『有章曲曰歌，無章曲曰謠。』章，樂章也；『無章曲』，所謂『徒歌』也。《正義》云，『此文「歌」「謠」相對，謠既徒歌，則歌不徒矣。《行葦傳》曰，「歌者，合於琴瑟也」。』案《行葦傳》作『比於琴瑟』，孔依此傳言『合樂』意改之耳。」

成伯璵《毛詩指說》引梁簡文《十五國風義》也說：「在辭為詩，在樂為歌。」（見阮元《經籍籑詁》）本來歌謠都是原始的詩，以「辭」而論，並無分別；只因一個合樂，一個徒歌，以「聲」而論，便自不同了。但據杜文瀾《古謠諺．凡例》，「合樂」又有兩種：一是「工歌合樂」，（原注）如《史記．樂書》載《樂府太乙歌》、《蒲梢歌》。一是「自歌合樂」。（原注）如《史紀．高祖紀》，擊筑為《大風歌》。「一則本意在於合樂，非欲徒歌；一則本意在於徒歌，偶然合樂。故琴操、琴曲、琴引之類，從容而成，已著翰墨者，固與徒歌迥殊；（原注）如《後漢書．蔡邕傳》所作《釋誨》，末附琴歌。倉猝而作，立付弦征者，仍與徒歌相仿。」（原注）如《琴操》捲上載《公無渡河箜篌引》。姑不論杜氏所舉的例如何，這後一種是仍當屬於謠的。

《爾雅．釋樂．舊注》：「謠，謂無絲竹之類，獨歌之。」（《經籍簒詁》）桂馥《說文義證》引《一切經音義》二十：「《爾雅》，『徒歌為謠』，《說文》，『獨歌也』。」又十五：「《說文》，『獨歌也』，《爾雅》，『徒歌為謠』。徒，空也。」他說：「獨歌謂一人空歌，猶徒歌也。」但徒歌一名，並未明示人數；獨歌若果如桂馥所釋，實是確定了或增加了徒歌的意義。謠，還有「行歌」一解，見《國語．晉語》「辨妖祥於謠」韋注。桂馥說這又是「以道路行歌為徒歌」了。

《古謠諺．凡例》又說，「謠與歌相對，則有徒歌合樂之分，而歌字究是總名：凡單言之，則徒歌亦為歌（說本孔氏《正義》）。故謠可聯歌以言之，（原注）如《史記．秦始皇本紀．集解》引嘉平謠歌，《晉書．五行志》載建興中江南謠歌。亦可借歌以稱之。」（原注）如孟子述孔子聞孺子歌，《左氏昭十二年傳》載南蒯鄉人歌，《史記．灌夫傳》載潁川兒歌，《漢書．董宣傳》載京師歌，《晉書．山簡傳》載襄陽童兒歌，《祖逖傳》載豫州耆老歌，《舊唐書．薛仁貴傳》載軍中歌。至於歌謠聯為一名則始見於《淮南子．主術訓》，文云，「古聖王……出言以副情，發號以明旨，陳以禮樂，風之以歌謠。」

【歌謠的字義】

以上從樂的關係上解釋歌謠的意思。但這兩個字的本義是什麼呢？《書．舜典》，「歌永言」。馬注又鄭註：「歌，所以長言詩之意也。」《詩．子衿傳》「誦之歌之」《疏》：「歌之，謂引聲長詠之。」（並見《經籍纂詁》）這也就是《詩大序》說的「情動於中而形於言。言之不足，故嗟嘆之；嗟嘆之不足，故永歌之」。郝懿行《爾雅義疏》引《釋名》云：「人聲曰歌。」他說，「歌有絃歌，笙歌，要以人聲為主。」《爾雅．釋樂．孫注》：「謠，聲消搖也。」（《經籍纂詁》）消搖是自得其樂的意思。《廣韻．四宵》：「繇，喜也。」引《詩》「我歌且繇」；陳奐說，「或義本《三家詩》。」「喜」與「消搖」是很相近的。謠又有「毀」義，見《離騷》「謠諑謂余以善淫」《王注》，那是相去較遠了。

【歌謠的異名】

《樂府詩集》引梁元章一作帝。《纂要》曰，「齊歌曰謳，吳歌曰歈，楚歌曰豔，浮歌曰哇，……」前三種是因地異稱，後一種許是聲音的關係；《國語．楚語》注，「浮，輕也。」大概這種歌的調子是很輕靡的。近來又有「俗歌」一名（見《談龍集》，《海外民歌譯序》、《江陰船歌序》），則是別於一般的詩歌而言。謠有「謠言」，「風謠」（見《後漢書》，據《古謠諺》卷一百引），「謠辭」（見《舊唐書》，據同書目錄），「民謠」（見《晉書》），「百姓謠」（見《南史》），「口謠」（見《明季北略》，據同書目錄）等名字。謠字有或作「」字者，如《風俗通．皇霸》篇，載趙王遷時童謠，《史記．趙世家》，「童謠」作「民言」。「謠」字有誤作「訛」字者，如《宋書．符瑞志》，載永光初謠言，前《廢帝紀》「謠」作「訛」，而其詞用韻，實是歌謠之體，與他處「訛言」無韻者不同（採錄《古謠諺．凡例》本文與注）。又有以「風詩」總稱歌謠的（《談龍集．讀童謠大觀》）。

《古謠諺．凡例》說：「謳有徒歌之訓，（原注）《楚辭．大招王注》云：『徒歌曰謳』，亦可訓謠。（原注）《莊子．大宗師．釋文》云：『謳，歌謠也。』吟本訓歌，（原注）《戰國秦策》注云：『吟，歌吟也。』與謳謠之義相近。（原注）《文選》陳孔璋《答東阿王箋》『以為吟頌』注云：『吟頌，謂謳吟歌頌。』唱可訓歌；（原注）《禮記．樂記》『一唱而三嘆』鄭注云：『倡，發歌句也，唱與倡同。』誦亦可訓歌：（原注）《禮記・文王世子》『春誦夏弦』鄭注云：『誦，謂歌樂也。』噪有歡呼之訓：（原注）《國語》韋注云：『噪。歡呼也。』呼亦歌之聲，（原注）《尚書・大傳》云，『其歌之呼也』鄭注云：『呼出聲也。』並與謳謠之義相近。故謠可借謳以稱之，（原注）如《左氏宣二年傳》載宋城者謳。又可借吟唱誦噪以稱之」。（原注）如《晉書・石虎載記》引佛圖澄吟，《北齊書・後主紀》載童戲唱，《左氏僖二十八年傳》載晉輿人誦，《哀十七年傳》載衛侯夢渾良夫噪。這謳、吟、唱、誦、噪、呼幾個名字裡，吟、噪、呼（《古謠諺》目錄中，加一字稱為「呼語」）都甚少見，且據《古謠諺》所錄的而論，也與我們現在所謂歌謠不合；那些只是個人的歌罷了。

此外南方還有「山歌」，廣東也稱為「歌仔」（見屈大均《廣東新語粵歌條》），普通以指情歌，但據梁紹王《秋雨庵隨筆》四及鐘敬文先生《歌謠雜談》三（見《歌謠週刊》七十一號），其範圍頗廣，與「歌謠」之稱，幾乎無甚分別。——廣西象縣的僮人又有所謂「歡」，是用僮語所唱的山歌；用官話唱的則仍叫做山歌（見《歌謠週刊》五十四號《僮人情歌》）。又有「秧歌」，義是農歌，但所包也甚雜。這兩種大抵七言成句，與句法參差的不同。更有甘肅的「話兒」（見《歌謠週刊》八二號袁復禮先生文），直隸新河的「差兒」，「數大嘴兒」，「但掌兒」等俗名（見《歌謠週刊》六十八號，傅振倫先生《歌謠雜說》）。這些是只通行於一定地域的。

【歌謠的廣義與狹義】

中國所謂歌謠的意義，向來極不確定：一是合樂與徒歌不分，二是民間歌謠與個人詩歌不分；而後一層，在我們現在看起來，關係更大。《詩經》所錄，全為樂歌（顧頡剛先生說，見《北京大學研究所國學門週刊》第十，十一，十二期），所有的只是第二種混淆。《玉臺新詠》與《樂府詩集》則兩種混淆都有；這或因《玉臺》的編輯者以豔辭為主，《樂府》的編輯者則以「樂府體」為主之故。後來楊慎輯《古今風謠》，杜文瀾輯《古謠諺》，那第一種混淆是免了，而杜氏凡例，尤嚴於合樂、徒歌之辨；但第二種混淆依然存在。我想，「詩以聲為用」的時代早已過去，就是樂府，漢以後也漸漸成了古詩之一體——郭茂倩雖想推尊樂府，使它為「《四詩》之續」，但他的努力幾乎是徒然的；元明兩代雖有少數注意他的書的人，真正地看重它、研究它的，直到近來才有——歌謠與樂府，於是都被吸收到詩裡。楊氏、杜氏是以廣義的詩為主來輯錄歌謠的，自然民間的與個人的就無分別的需要了。但也有兩個人，無論他們自己的歌謠觀念如何，他們輯錄的材料的範圍，卻能與我們現在所謂歌謠相合的；這就是李調元的《粵風》，和華廣生的《白雪遺音》的大部分。這兩個人都在杜文瀾以前；所以我疑心他們未必有我們的歌謠觀念，只是範圍偶合罷了。

至於歌諺之別，《古謠諺．凡例》裡有一段說明，可供參考。他說：「謠諺二字之本義，各有專屬主名。蓋謠訓徒歌，歌者，詠言之謂，詠言即永言，永言即長言也。諺訓傳言，言者，直言之謂，直言即徑言，徑言即捷言也。長言生於詠嘆，故曲折而紆徐；捷言欲其顯明，故平易而捷速；此謠諺所由判也。然二者皆是韻語，體格不甚懸殊，故對文則異，散文則通，可以彼此互訓也。」所以楊慎《古今諺》，諺中雜謠（《古謠諺》一百引《書傳正誤》），范寅《越諺》也是如此。但大體說來，諺的意義，卻比較是確定的。

我們所謂歌謠，是什麼意義呢？我們對於歌謠有正確的認識，是在民國七年北京大學開始徵集歌謠的時候。這件事有多少「外國的影響」，我不敢說；但我們研究的時候，參考些外國的材料，我想是有益的。我們在十一年前，雖已有了正確的歌謠的認識，但直到現在，似乎還沒有正確的歌謠的界說。我現在且借用一些外國的東西：

Frank Kidson 在《英國民歌論》（*English Folk-Song*，一九一五）裡說民歌是一種歌曲（song and melody），生於民間，為民間所用以表現情緒，或（如歷史的敘事歌）為抒情的敘述者。……就其曲調而論，它又大抵是傳說的，而且正如一切的傳說一樣，易於傳訛或改變。它的起源不能確實知道，關於它的時代，也只能約略知道一個大概。

有人很巧妙地說，諺（proverb）是一人的機鋒，多人的智慧。對於民歌，我們也可以用同樣的界說，便是由一人的力將一件史事，一件傳說或一種感情，放在可感覺的形式裡表現出來，這些東西本為民眾普通所知道或感到的，但少有人能夠將它造成定形。我們可以推想，個人的這種製作或是粗糙，或是精煉，但這關係很小，倘若這感情是大家所共感到的，因為通用之後，自能漸就精煉，不然也總多少磨去它的稜角，使它稍為圓潤了。(見《自己的園地．歌謠》一文中)

但「民」字的範圍如何呢？Kidson 說：「這裡的『民』字，指不大受著文雅教育的社會層而言。」(同書十頁)

Louise Pound 在《詩的起源與敘事歌》(*Poetic Origins and The Ballad*，一九二一)裡，也有相似的話：「在文學史家看來，無論哪種歌，只要滿足下列兩個條件的，便都是民歌。第一，民眾必得喜歡這些歌，必得唱這些歌；——它們必得『在民眾口裡活著』——第二，這些歌必得經過多年的口傳而能留存。它們必須能不靠印本而存在。」(二〇二頁)

《古謠諺．凡例》說：「謠諺之興，其始止發乎語言，未著於文字。其去取界限，總以初作之時，是否著於文字為斷。」也是此意。民國七年以來，大家蒐集的歌謠，大抵與這些標準相合；雖然也有一部分，有著文人潤色的痕跡，不是「自然的歌謠」。

【「自然民謠」與「假作民謠」】

《歌謠》第七號上有沈兼士先生給顧頡剛先生的信，信裡說：「民謠可以分為兩種：一種為自然民謠；一種為假作民謠。二者的同點，都是流行鄉里間的徒歌；二者的異點，假作民謠的命意屬辭，沒有自然民謠那麼單純質樸，其調子也漸變而流入彈詞小曲的範圍去了，例如廣東的『粵謳』，和你改採的蘇州的《戲婢》，《十勸郎》諸首皆是。我主張把這兩種民謠分作兩類，所以示區別，明限制，……」

我覺得彈詞自然另是一流，小曲和「粵謳」則當加揀擇，未可一概而論。「假作民謠」一名，不大妥當；它會將歌謠的意義變得太狹了。又潘力山先生有「自然民謠」、「技巧民謠」之說（《中國文學研究．從學理上論中國詩》），則是就歌謠的演進而言，與此有別。

【民歌歌詞與歌謠】

「民歌」二字，似乎是英文 folk-song 或 peoples song 的譯名。這兩個名字的涵義，與我們現在所用歌謠之稱最相切合；「口唱及合樂的歌」則是中國歌謠二字舊日的解釋了。但英國民歌中，有所謂 ballad 者，實為大宗。ballad 的原義，本也指感情的短歌或此種歌的曲調而言；

一　歌謠釋名

十八世紀以來，才用為「抒情的敘事短歌」的專稱（Pound 書四十二頁）。這種敘事歌，中國歌謠裡極少；只有漢樂府及後來的唱本，《白雪遺音．吳歌甲集》裡有一些。現在一般人將此字譯為「歌謠」；有人譯為「風謠」，其實是不妥的；有人譯為「歌詞」（《海外民歌．譯序》），雖然與歌謠分別，但仍嫌泛而不切。有人還有「敘事歌」的名字，說「即韻文的故事」，大約也就指的 ballad。ballad 原有解作「韻文的故事」的，只是嚴密地說，尚須加上「抒情的」和「短的」兩個條件；所以用了「敘事歌」做它的譯名，雖不十二分精確，卻也適當的。

二　歌謠的起源與發展

【外國關於歌謠起源的學說】

R.Adelaide Witham女士在《英吉利蘇格蘭民間敘事歌選粹》（*Representative English and Scottish Popular Ballads*，一九〇九）的引論裡，說Sir Walter Scott的《邊地歌吟》（*Border Minstresly*）出版的時候，許多人都祝賀她。只有一位誠實的老太太，James Hogg的母親，卻發愁道：「那些歌原是做了唱的，不是做了讀的；妳現在將好東西弄壞了，再沒有人去唱它們了。」這就是說，印了它們，便毀了它們。要知道那位老太太何以這樣失望，我們得回到歌謠的起源上去。歌謠起於文字之先，全靠口耳相傳，心心相印，一代一代地保存著。它並無定形，可以自由地改變，適應。它是有生命的；它在成長與發展，正和別的有機體一樣。那位老太太從這個觀點看，自然覺得印了就是死了——但從另一面說，印了可以永久保存，死了其實倒是不死呢。

二　歌謠的起源與發展

論到歌謠——敘事歌——起源問題，糾紛甚多。據 Witham 所引，共有四種學說，她先說她所信的：

一　**民眾與個人合作說**　她說敘事歌起於凡民，乃原始社會生活的一種特徵；那時人家裡，村人的聚會裡，都唱著這種敘事歌。那時的詩人不能寫，那時的民眾不能讀；詩人得唱給他們聽，或唸給他們聽。那時的社會是同質的，大家一切情趣都相同，沒有智愚的分野，國王與農夫享受著同樣的娛樂；全社會舉行公眾慶祝時，酣歌狂舞，更是大家所樂為。初民間有此種慶典，乃歷史上常例；現在的非洲、南美洲、澳洲，還可見此種歌舞的群眾。

今就幾種敘事歌中，舉一事例——堡中主人不在家，他的妻與子被人殺害的情節。假定有幾個報信人來到群眾之中，報告這樁悲劇，大家都圍攏來。這班聽眾聽得手舞足蹈，時時發出嘈雜的強烈的呼喊；這種舞蹈與呼喊漸漸地，和現在群眾的喝采與搖身（Swaying）一樣，成為有節奏的。那些說話的也在搖晃著；這一部分是因為群眾動作的影響，一部分是因為他們自己強烈的感情自然而然地變成有節奏的聲調。他們一件件地敘述，把故事結束住了為止。在他們停下來喘口氣或想一想的當兒，群眾低聲合唱著和歌或疊句。這些歌者天然用著民間流傳的簡單辭句，所以他們的故事容易記住。民眾以後會常常教他們來說這樁故事，他們忍不住要學著說，自己便也常常唱起來了。日子久了，未免有許多改變與增加的地方。

故事一天有民眾唱著，便一天沒有完成；它老是在製造之中，製造的人就是民眾。

第二步的發展是巧於增修歌謠的人——也許是初次報信人之一，也許是群眾中之一，接受聽眾特別的讚揚。他們知道了他的才能的時候，一定靜聽他的敘述，只在唱和曲時，才大家合唱。他的改本，記住的人最多。但他絕不能以為這是他自己個人的產物；他與民眾都是它的作者，無心的作者，而這首歌謠的歷程也並未完畢，卻正是起頭呢。後來民眾漸漸看重單獨的歌者。因而有了那可羨可喜的歌工，以歌為業，不但取傳統的材料，還能自己即興成歌，用舊的語句，而情事是隨意戲造的。這一步的發展，使我們有許多完成的敘事歌，但那與傳統的東西全然各異。

以上所述的全過程裡最重要的一點——並非空想——是，民眾與歌工相當於我們現在的作者，而口傳相當於我們印刷的書。

此說以為敘事歌的製作是互相依倚的兩部分的協力：先是某一時候有一個人作始，後是大家製作。這兩部分工作的比例，因每首歌而異。但那「一個人」的特殊位置，必得弄清楚，不可看得過重，也不可看得過輕。

此說與 Kidson 的界說相同，只 Kidson 是論民歌，與此有遍舉偏舉之別罷了。據 Witham 自注，其說實出於 Gummere 的《詩的起源》、《民間敘事歌》兩書，及 Kittredge《英吉利蘇格蘭民間敘事歌引論》，Kidson 書中也說到 Gummere，大約是同出一源的。

二　**Grimm 說**　他假定一群民眾，為一件有關公益的事，舉行典禮，大家在歌舞；這時候，各人一個跟一個，都做一節歌；合起來就是一首歌。大家都尊敬這首歌，沒有一個人敢改變它。

Witham 說這是將民眾當做作者，說一個社會的全民眾在娛樂的聚會裡，事前毫未思索，忽然會唱出有條有理的歌來。這是假定一個社會裡的各人，有著相等的文才，而忽略了那壓不住的「一個人」，比大眾智巧的「一個人」。

三　**散文先起說**，這一派說 Grimm 所謂民眾，並不常跳舞而出口成歌，也並不要求所有故事必用韻語傳述。他們愛用散文談說他們今昔的豐功偉業，有敘有議，有頭有尾；有些地方便找他們中善歌的人來插唱一回。自然而然地，這所唱的歌容易記得，便流傳下來了。

Witham 說這一派偏重個人方面。敘事歌有時突然而起，有時突然中斷，以及其他不明的情形，此說可以解釋。但在歌的作始這件事上，他們卻無視了民眾，無視了歌舞的群眾那一面。

四　**個人創造說**　這一派說敘事歌，無論實質方面，形式方面，都是某一歌工（Minstrel）的製作；民眾呢，先只聽著，後來學著歌工唱。

Witham 說這更偏重個人了。她說這是將民間敘事歌的「民間」，當作現在「民間歌謠」(popular songs) 的「民間」一樣了——民眾喜歡這些歌謠，學會了，就隨便地唱。這一派承認在長時期中，民眾會弄出種種變化；和曲與套語會加進這些歌謠去，而它們本身也會轉變。以這一點論，此說似乎與民眾製作說到了一條線上。但此說將民眾的貢獻，只看作不關緊要的偶然的事；而民眾製作說則將這種貢獻當作絕對的要素——缺了它，敘事歌便不成其為敘事歌了。換句話說，前者看敘事歌是一種創造；後者則以為是長期演進的結果。(以上節譯 Witham 文)

五　Pound 說　她主張個人製作說，比(四)說更進一步。她說，主張民眾與個人合作說的人，大抵根據旅行家、探險家、歷史家、論說家的五花八門的材料，那些是靠不住的。他們由這些材料裡，推想史前的社會，只是瞎猜罷了。我們現在卻從南美洲、非洲、澳洲、大洋洲得著許多可靠的現存的初民社會的材料；由這裡下手研究，或可有比較確實的結論——要絕對確實，我們是做不到的。這是她的根本方法。(Pound 書一頁、二頁)

她說文學批評家的正統的意見(民眾與個人合作說)，人類學家並不相信(四頁)。他們的材料，都使他們走向個人一面去。她說歌謠不起於群舞；歌舞同是本能，並非歌由舞出。兒童的發展，反映著種族的發展，現在的兒童本能地歌唱，並不等待群舞給以感興，正是一證

（八五頁）。其實說歌與舞起於節日的聚會，在理都不可通。各個人若本不會歌舞，怎麼一到節日聚在一起，便會忽然既歌且舞呢？這豈非奇蹟？（九頁）她研究現在初民社會的結果，以為初民時代，歌唱也是個人的才能，大家都承認的，正如賽跑、擲標槍、跳高、跳遠一樣。（十三頁）

正統派的意見以為敘事歌是最古的歌謠。她說最古的歌謠是抒情的，不是敘述的。那時最重要的是聲，是曲調；不是義，不是辭句。古歌裡的字極少，且常無意義，實是可有可無的。正統派說敘事歌起於節日舞，所以歌謠起於節日舞。但我們現在知道，最古的歌謠，有醫事歌、魔術歌、獵歌、遊戲歌、情歌、頌歌、禱詞、悲歌、凱歌、諷刺歌、婦歌、兒歌等，都是與節日舞無關的。又如催眠歌，也是古代抒情體的歌，但與歌舞的群眾何關呢？（二九頁）她說和歌與獨唱或者起於同時，或者獨唱在先；但它絕不會在後。（三五頁）她又疑心上文所說各種歌還不是最古的；最古的或者是宗教歌。這才是一切歌詩的源頭。（第五章《英國敘事歌與教會》）

正統派又說敘事歌的特性是沒有個性。這因敘事歌沒有作者；並非全然沒有作者，只作者絕不在歌裡表現自己。什麼人唱，什麼人就是作者，而這個人唱時也是不表現自己的情調的。所以敘事歌中，用第三身多而用第一身少。這一層和正統派的民眾與個人合作說是相關的。Pound承認敘事歌大多數是無個性的，但她另有解說（一〇一頁、一七八頁），此地不能詳論。

以上各說，都以敘事歌為主。但他們除Pound外，都以敘事歌為最古的歌謠；我們只須當他們是在論「最古的歌謠」的起源看，便很有用。至於敘事歌本身，我相信Pound的話，是後起的東西。

【中國關於歌謠起源的學說】

鄭玄《詩譜序》說：「詩之興也，諒不於上皇之世。大庭，軒轅，逮於高辛，其時有亡，載籍亦蔑云焉。《虞書》曰：『詩言志，歌永言，聲依永，律和聲』，然則詩之道放於此乎？」孔穎達《正義》申鄭說道：「上皇，謂伏羲；三皇之最先者，故謂之上皇。鄭知於時信無詩者；上皇之時，舉代淳樸，田漁而食，與物未殊，居上者設言而莫違，在下者群居而不亂，未有禮義之教，刑罰之威；為善則莫知其善，為惡則莫知其惡。其心既無所感，其志有何可言？故知爾時未有詩詠。」這是烏托邦的描寫，不容易教人相信，其實他自己也未必相信，他的《毛詩正義序》裡說：「若夫哀樂之起，冥於自然；喜怒之端，非由人事。故燕雀表啁噍之感，鸞鳳有歌舞之容。然則詩理之先，同夫開闢；詩跡所運，隨運而移。上皇道質，故諷諭之情寡；中古政繁，亦謳歌之理切。」所謂「詩理之先，同夫開闢」，——只是上皇時「諷諭之情寡」罷了，——正與上節矛盾；那裡的話許是為了「疏不破注」之故罷。這「詩理」一語和沈約的「歌詠所興，自生民始」（《宋書·謝靈運傳論》），意思相同。我想是較為合理的說法。以上都是論詩之起源的。歌謠是最古的詩；論詩之起源，便是論歌謠的起源了。

有人說，鄭玄《易論》所引伏羲《十言之教》，是散文之起源，而據《詩譜序》，伏羲時尚無詩；這明是散文先於韻文了。但韻文先於散文，是文學史的公例，中國何以獨異呢？郭紹虞先生《中國文學史綱要》稿本中有《韻文先發生之痕跡》一節，是專討論此事的，今抄在下面：

> 第一層只須看出文學與宗教的關係。歷史學者考察任何國之先民莫不有其宗教，後來一切學術即從先民的宗教分離獨立以產生者。這是學術進化由渾至畫的必然的現象，文學亦當然不能外於此例，所以於其最初，亦包括於宗教之中而為之服務。《周禮·春官》所謂「大司樂分樂而序之以祭以享以祀」，都是一些宗教的作用。
>
> 在於中國古代，執掌宗教之大權者——易言之，即是執掌一切學術之全權者——即是巫官。劉師培謂「上古之時政治學術宗教合於一途，其法咸備於明堂」（詳見其所著《古學出於官守論》，載《國粹學報》第十四期），所言極確。王國維《宋元戲曲史》言之更詳。其言云：

「歌舞之興，其始於古之巫乎？巫之興也，蓋在上古之世。《楚語》：『古者民神不雜，民之精爽不攜貳者，而又能齊肅衷正，……如是則明神降之，在男曰覡，在女曰巫，……及少皞之衰，九黎亂德，民神雜糅，不可方物，夫人作享，家為巫史。』然則巫覡之興在少皞之前，蓋此事與文化俱古矣。」

「巫之事神必用歌舞。《說文解字》五『巫，祝也，女能事無形以舞降神者也；像人兩褎舞形，與工同意』，故《商書》言『恆舞於宮，酣歌於室，時謂巫風』……是古代之巫實以歌舞為職以樂神人者也。」

舞必合歌，歌必有辭。所歌的辭在未用文字記錄以前是空間性的文學；在既用文字記錄以後便成為時間性的文學。此等歌辭當然與普通的祝辭不同；祝辭可以用平常的語言，歌辭必用修飾的協比的語調。所以祝辭之不同韻語者，尚不足為文學的萌芽；而歌辭則以修飾協比的緣故，便已有文藝的技巧。這便是韻文的濫觴。

當時的歌舞，在國則為「夏」「頌」，在鄉則為「儺」「蠟」。

頌所以「美盛德之形容，以其成功，告於神明」（《詩大序》），故用於祭禮，而頌即為祭禮之樂章，可以用之於樂歌，亦可以用之於樂舞。這在前文已明言之，所以商周的頌亦可以作為商周時代的劇詩。

商周以前並不是沒有這種劇詩。劉師培《原戲》一文謂：

「在古為『夏』，在周為『頌』（商亦有之）。夏、頌字並從頁有首之象（夏字從夊，並象手足），夏樂有九（即《周禮》所謂《王夏》、《肆夏》、《昭夏》、《納夏》、《章夏》、《齊夏》、《族夏》、《祴夏》、《驁夏》也），至周猶存，宗禮賓禮皆用之。蓋以歌節舞，復以舞節音，猶之今日戲曲以樂器與歌者舞者相應也。後世變夏為頌，《周禮》鄭注云：『夏、頌之族類也。』而頌之作用並主形容。」（《國粹學報》第三十四期）

據是亦不能謂夏無劇詩，不過如鄭玄《詩譜序》所云「篇章泯棄」而已。

其在鄉間則劉氏謂：

「在國則有舞容，在鄉則有儺禮（儺雖古禮，然近於戲），後世鄉曲偏隅每當歲暮亦必賽會酬神，其遺制也。」

王氏亦謂：

「及周公制禮，禮秩百神而定其祀典，官有常職，禮有常數，樂有常節，古之巫風稍殺；然其餘習猶有存者，方相氏之驅疫也，大蠟之索萬物也，皆是物也。故子貢觀於蠟而曰，一國之人皆若狂，孔子告以張而不弛，文、武不能，後人以八蠟為三代之戲禮（《東坡志林》），非過言也。」

《禮・郊特牲》謂「伊耆氏始為蠟」，現在關於伊耆氏的時代很不易斷定。鄭注只云「古天子號」，即其於《明堂位》注亦只云「古天子有天下之號」；孔穎達於《禮正義》謂即神農，於《詩正義》謂「伊耆、神農，並與大庭為一」，而《莊子・胠篋篇》論及古帝王則又別神農與大庭為二。

《帝王世紀》又謂帝堯姓伊祈，故伊耆氏即帝堯。有此種種異說固不易考定伊耆氏之為誰，但可斷言者即是臘祭之不始於周代。王氏謂「其餘習猶有存者，則可知巫風固遠起於古初。」

《周禮・春官》又謂「鞮鞻氏掌四夷之樂，與其聲歌」，鄭注云：「四夷之樂：東方曰，南方曰任，西方曰株離，北方曰禁。」此雖未必可據以為即是古代四方之夷樂，但可推知古代不僅貴族有樂舞樂歌，即民間亦有之；不僅國都有樂舞樂歌，即四方偏隅之處亦有之。故由於古代民族的宗教心理而言，可以推測最古之時亦早已有韻文發生之可能。

第二層只須看出文學與音樂的關係。孔氏《詩正義》又申鄭氏《詩譜序》之說而謂：

「大庭，神農之別號。大庭、軒轅，疑其有詩者，大庭以還，漸有樂器；樂器之音逐人為辭，則是為詩之漸，故疑有之也。」

此說亦未必是。我們可以想像得到一定是先有歌辭而後有樂器。方其最初，心有所感而發為歌，於其歌時，勢必擊物以為之節。《呂氏春秋》所謂「葛天氏之樂三人操牛尾投足以歌八闋」，或者他〔們〕操牛尾的作用，亦等於今人手中執了樂杖以按拍；又或者他〔們〕投足的作用，亦等於今人用足尖著地以按拍。

這一些雖類舞蹈的動作實是音樂的作用。《左傳》隱公五年所謂「夫舞，所以節八音以行八風」，即可知舞有節音的作用。後人覺得單是手舞足蹈、擊節按拍之不足以協和眾人的聲音，於是始漸有樂器的發明。

即就樂器而言，中國的發明樂器亦很早。《禮明堂位》云：「土鼓蕢桴葦龠，伊耆氏之樂也。」這當是最初最簡單的樂器了。當時有簡單的樂器，所以亦有簡單的韻文。《禮．郊特牲》篇載伊耆氏蠟辭云：「土反其宅，水歸其壑，昆蟲毋作，草木歸其澤。」《禮運》又謂：「夫禮之初，始諸飲食。其燔黍，捭豚，汙尊而杯飲，蕢桴而土鼓，猶若可以致其敬於鬼神。」可知土鼓蕢桴之樂，本所以「致其敬於鬼神」，而蠟是為田根祭，亦正是「禮之初始諸飲食」的證據。今存的蠟辭，其是否出於後人之追記或依託，又其用是否等於祝辭抑歌辭，雖皆不可得知，總之可藉以窺出文學與音樂的關係。以有歌辭以後於是想用樂器來輔助；亦以有樂器以後於是必用歌辭以和樂。所以我們可以說樂器因於歌辭的需要而發生，而歌辭卻又因於樂器的發明而益進步。《文心雕龍．明詩》篇謂「黃帝雲門理不空弦」，亦是既有樂便必有詩的意思。中國音樂的發明既很早，則當然有韻文產生之可能；至於散文則在書契未興以前，和書契方興之時，不會便有散文的成功。

第三層只須看出文學與一切學術的關係。在於沒有文字以前，情感所發，固須成為歌詠，而經驗所啟迪，理性所悟澈，有的屬於知識方面可為科學之基礎；有的屬於道德方面，足為哲學的萌芽，這些亦往往編為韻語以為口耳相傳的幫助。廣義的文學本可分為學識之文與感化之文二種，在初期的文學以屬於廣義為多。則凡含有哲學性質之解釋自然者或是科學性質之實驗自然者都可屬於文學的範圍。在於文字未興散文未起以前，一定先有這種韻文的存在是無疑義的。

《尚書》和《左傳》中往往言「古人有言」，《詩經》中亦往往言「先民有言」或「人亦有言」，因此頗保存一些古代的韻語。這些韻語的性質不是人生方面的指導，便是知識經驗之傳遞。我們現在雖不能斷言這些古語究竟古到如何程度，但可確知這些古語在散文未起以前其應用為尤廣。我們只看箴銘一類的文字在古代發生為特早，便可知此中的關係了。明此，所以即就伏羲的《十言之教》而言，亦當屬於韻文而不能稱之為散文（不過是以雙聲為韻罷了）。

明文學與宗教之關係，然後知古初早有敘事詩與劇詩的存在。明文學與音樂之關係，然後知古初早有抒情詩的存在。明文學與一切學術之關係，然後知古初早有諺語歌訣的存在；

二　歌謠的起源與發展

此雖與抒情詩相近，但又微與抒情詩不同。

以上所論，範圍雖較廣——第三層全是關於諺的——但大部分仍是關於歌謠的起源的。

原始歌謠的要素如何呢？郭先生在《中國文學演進之趨勢》（《中國文學研究》）裡說：

風謠……於後世文學不同者，即在於後世漸趨於分析的發展，而古初只成為混合的表現。今人研究風謠所由構成的要素不外三事：

（1）語言——辭——韻文方面成為敘事詩，散文方面成為史傳；重在描寫，演進為純文學中之小說。

（2）音樂——調——韻文方面成為抒情詩，散文方面成為哲理文；重在反省，演進為純文學中之詩歌。

（3）動作——容——韻文方面成為劇詩，散文方面成為演講辭；重在表現，演進為純文學中之戲曲。

在於原始時代，各種藝術往往混合為一，所以風謠包含這三種要素，為當然的事情，即後世的文學猶且常與音樂舞容發生連帶的關係，而與音樂的關係則尤為密切。這因語言與動作之間，以音樂為其樞紐之故。——欲使其語言有節奏，不可不求音樂的輔助；欲使其音聲更有力量，不可不借動作以表示：所以詩歌並言，歌舞亦並言。以音樂為語言動作的樞紐，正和以歌為詩與舞的樞紐一樣。《左傳》襄公十六年謂「使諸大夫舞曰『歌詩必類』。齊高厚之詩不類」，俞樾《茶香室經說》卷十四，不從杜注「歌詩各從義類」之說，而據《楚辭·九歌·東君》篇「展詩兮會舞，應律兮合篇」之語，謂「古者舞與歌必相類，自有一定之義例，故命大夫以必類」。據杜注則可知詩與歌的關係，據俞說則可明歌與舞的關係。這皆是有文字以後的情形，而仍合於無文字以前的狀態。

《呂氏春秋·古樂》篇謂「葛天氏之樂，三人操牛尾投足以歌八闋」，我們猶可據之以看出無文字以前的風謠，其語言、音樂、動作三種要素混合的關係。

葛天氏的時代雖不可確知，即有無葛天氏其人亦未易斷言。張楫《文選·上林賦注》只謂為「三皇時君號」，而未明定其時代。皇甫謐《帝王世紀》雖言葛天氏襲伏羲之號，但他本是造偽史有名的人，亦未可據其言以為典要。所以我們雖疑葛天、伏羲諸稱，多出於後人想像的謚號，但就《呂覽》此節而言，可信此八闋之歌尚在書契未興以前，而關於先民風謠的形制，亦可由此窺出；正不必因於不能稽考其文辭，審察其音律，研究其動作，而病為荒唐無稽之讕言。我們即就此八闋的名目而言：——一曰《載民》，二曰《玄鳥》，三曰《遂草木》，四曰《奮五穀》，五曰《敬天常》，六曰《建地功》，七曰《依地德》，八曰《總禽獸之極》：——亦覺很合於初民的思想。初民所最詫為神祕而驚駭者，即是對於自然界的敬仰和畏懼；而他們所最希冀的，亦只是一些遂草木、奮五穀的事情。

《毛詩大序》論詩歌之起源，亦謂「詩者，志之所之也。在心為志，發言為詩。情動於中而形於言，言之不足故嗟嘆之，嗟嘆之不足故永歌之，永歌之不足，不知手之舞之足之蹈之也。」此節說明這三種藝術混合的關係更為明晰。以文學為主體而以音樂舞蹈為其附庸；以詩歌為最先發生的藝術，而其他都較為後起。這些意思，都可於言外得之。蓋昔人思慮單純，言辭簡質，雖有所感於中而不能細密地抒發於外，所以不得不借助於其他的藝術。後來漸次進步，始漸與舞蹈脫離關係了，更進而後與音樂脫離關係了；迨到描寫的技巧更進的時候，即由音樂蛻留的韻律，亦漸次可以破除了。至其依舊借助於舞蹈與音樂的地方亦更逐漸進步，而成為更精密的體制。於是文學上的種種形式體裁與格律遂由以產生，而其源因導始於風謠。

郭先生著眼在詩；他只說古初「先」有韻文，卻不說「怎樣」有的。我們研究他的引證及解釋，我想會得著民眾製作說的結論，至少也會得著民眾與個人合作說的結論。但他原只是推測，並沒有具體的證據；況且他也不是有意地論這問題，自然不能視為定說。

此外錢肇基先生有《俗謎溯原》（《歌謠週刊》九四號）及《俗謎溯原補》（同上九七號），那是要看出俗謎始見於何時何書；但著錄的時代顯然不能就當作起源的時代的。

【傳疑的古歌】

古歌，郭先生曾引葛天氏的《八闋》和伊耆氏的《蠟辭》；《八闋》是有目無辭的。此外後漢趙曄的《吳越春秋》九陳音引《彈歌》云：

斷竹，續竹，飛土，逐宍。（宍，古「肉」字）

他說，「古者……死則裹以白茅，投於中野。孝子不忍見父母為禽獸所食，故作彈以守之，絕鳥獸之害。故歌曰……之謂也。」《八闋》、《蠟辭》和《彈歌》，都見於秦漢人書，而《彈歌》最晚。關於前兩者，郭先生亦已論及。《彈歌》著錄雖晚，但劉勰《文心雕龍》卻以為是黃帝時的歌謠（《明詩》篇、《章句》篇）。他大概是根據舊史，舊史說黃帝時已有弓矢了。郭先生說此歌「語詞簡質，當是太古的作品」，但「不能確知其時代」。又說劉氏據有弓矢言，而《吳越春秋》說，「弓生於彈」；彈在弓前，劉說未必可信。白啟明先生也以為此歌在黃帝之先，不過到了漢人才記下來罷了（《歌謠紀念增刊》）。

在以上三種裡，《蠟辭》或許有歌舞的群眾為背景，《八闋》的歌者有三人，也可說與歌舞的群眾有關；《彈歌》可就難定。陳音的話不大明白。白啟明先生說：「古來作吊時節，……乃是手執彈弓，幫助孝子守其父母的遺屍。」此話若真，這歌或許也是吊者群集時所唱。但有人說這是最古的謎語，那雖仍可說「生於民間」，意味卻不同了。

但是苻秦王嘉《拾遺記》載少昊的母親皇娥與「白帝之子」遇於窮桑滄茫之浦，其唱和的歌云：

天清地曠浩茫茫，萬象回薄化無方。浛天蕩蕩望滄滄，乘桴輕漾著日旁。當其何所？至窮桑。心知和樂悅未央！

四維八埏眇難極，驅光逐影窮水域。璇宮夜靜當軒織，桐峰文梓千尋直。伐梓作器成琴瑟，清歌流暢樂難極。——滄湄海浦來棲息！

此二歌，純用七言，斷非古體，大約是王嘉偽造的。不過辭雖不真，其事或出於相傳的神話，而又為男女私情之作，可當「對山歌」起源的影子看。又王充《論衡》（《感虛》篇、《藝增》篇、《自然》篇、《須頌》篇）載堯時五十之民擊壤歌云：

吾日出而作，日入而息，鑿井而飲，耕田而食，堯何等力！

這首歌至多也只是追記的，甚至竟是偽造的。這與上一種原都不能算作歌謠，但卻可見出古代傳說的另一面，歌起於個人的創造——用舊來的解釋，也可說歌謠起於個人的創造了。

【歌謠起源的傳說】

我們還有許多歌謠起源的傳說，雖是去古已遠，卻也可供參考。這些傳說，大抵是關於某種歌謠或某地歌謠的；以歌謠全體為對象的，卻還沒有，怕也不能有。

一　**熒惑說**　陳仁錫《潛確類書》二引張衡云：「熒惑為執法之星，其精為風伯之師，或兒童歌謠嬉戲。」《晉書．天文志》中說得更詳細：「凡五星盈縮失位，其精降於地為人。……熒惑降為童兒，歌謠嬉戲。……吉凶之應，隨其象告。」《東周列國志》說周宣王時有紅衣小兒作「弧萁服」之謠（《國語．鄭語》作童謠，《史記．周本紀》作童謠），為褒姒亡周之兆。所謂紅衣小兒書中說就指熒惑；熒惑是火星，所以說是紅衣。

二　**怨謗說**　《漢書．五行志》中之上：「傳曰，『言之不從，是謂不乂。……時則有詩妖。……』『言之不從』，從，順也。『是謂不乂』，乂，治也。……言上號令不順民心，……則怨謗之氣發於歌謠，故有詩妖。」傳是伏生《洪範五行傳》。

三　**《子夜歌》傳說**　《唐書．樂志》曰：「《子夜歌》者，晉曲也。晉有女子名子夜，造此聲，聲過哀苦。」《宋書．樂志》曰：「晉孝武太元中，琅琊王軻之家，有鬼歌《子夜》。殷允為豫章，豫章僑人庾僧虔家亦有鬼歌《子夜》。殷允為豫章，亦是太元中，則子夜是此時以前人也。」（《樂府詩集》四十四）《唐書》所說，也依據《宋書》。「有女子名子夜」等語，像是歷史的敘述；但「鬼歌《子夜》」等語，又像是傳說。我疑心子夜或未必有，或是所謂「箭堆式的人物」。《子夜歌》現存四十二首，在《樂府》中，佚掉的也許還有；這些歌所詠不同，不見得是一個人造的。

四　河南傳說　尚鉞先生給顧頡剛先生的信（北京大學研究所《國學門週刊》七），說他的家鄉河南羅山縣有兩種歌謠原始的傳說。第一種較普遍，第二種是一個混名叫「故事精」的老夥計說的；他說「有些『編』的意味」，但「也不能證明這是假的」。

其一說老天爺恨世間人太壞，便叫秦始皇下凡來殺人。他殺人的方法，除打仗外，便是興築長城。老天爺又助桀為虐地在天上出了十二個日頭。這十二個日頭輪流著司晝，使天永晝而不夜。這樣可以使人都疲乏死。這時一個慈善家的繡樓上一位小姐，動了惻隱之心，便製出許多歌來。人們學了一唱，便忘了疲乏，又作起工來；於是得以不死。

其二也說秦始皇下凡，教人興築長城，好讓他們勞死。但是好善的老頭兒太白金星李長庚知道了，便私走紅塵，仍變成一個老頭兒，教大家唱歌，使他們忘掉疲勞而免於死。

五　淮南傳說　《語絲週刊》十臺靜農先生《山歌原始之傳說》一文，說是從淮南田夫野老的隊中搜輯來的。其說有二，但頗相似，許是一種傳說的轉變吧。

其一說秦始皇築長城，勞苦而死的人很多——孟姜女的丈夫也死在這一役。但大家迫於威力，都不敢不幹。有一天他們正疲乏不堪的時候，有的磕睡，有的嘆息，有的手足不能動，深宮裡繡樓上兩位在刺繡的年輕的公主，忽然看見這些可憐的人們。她們非常感動，並覺得長此下去，他們怕只有疲乏與倦怠，長城將永久修不成；於是作了些山歌來鼓起他們的精神。當時一面作，一面寫，都從樓窗飛給他們。從此他們都高興地唱起來，將所有的疲乏都忘了。

其二說兩位大家小姐，在繡樓上看見農夫們在「熱日炎炎」底下做活，一個個疲乏、勞頓。她們動了慈悲心，想不出別法，只能作些山歌安慰他們。山歌寫在紙上，隨風送到農夫們面前。他們於是一面唱，一面工作，從前的疲乏都變成了歡欣了。

六　江南傳說　沈安貧先生有《一般關於歌謠的傳說》一文（《歌謠週刊》六五號），據他說，這傳說是「流行吳縣」的。他說：「相傳漢時張良，最會編唱調笑譏諷的歌謠，當他離了故鄉十多年回來的時候，看見一個少女在田中耘削棉花，他就對她唱起歌來：

啥人家田，啥人家花？啥人家大囡辣浪削棉花？阿有啥人家大囡搭我張良困一夜，冬穿綾羅夏穿紗。

少女就回答他唱：

張家裡個田，張家裡個花。張家裡個大囡辣裡削棉花。我娘搭傢張良困一些，覅看見啥冬穿綾羅夏穿紗！

張良聽了此歌，知道所調笑的就是他的女兒，大大的悔慚，從此他不再唱歌。」

江蘇海門有《耘青草》歌謠的傳說（《歌謠週刊》六六號魏建功先生文）與此大同小異。這傳說說「張良是第一個制風箏的。他騎在風箏上，騰到天空中，看見下面有兩個女子，……就唱起調情的歌來。」等到張良知道是他自家的女兒在下面時，他「從九霄雲裡掉下來，就嗚呼了。到如今那條是風箏用的線還在南通，是一條鐵索。」我想這傳說也許比前一個早些，因為還近乎神話。

《西漢演義》第八十一回《張子房吹簫散楚》似乎《史記》中「四面皆楚歌」一語，又似乎與這兩種傳說有些關係。

七　兩粵傳說　粵俗好歌，明時已如此（據鐘敬文先生引明屈大均《廣東新語・粵歌條》）。因此有歌仙劉三妹的傳說。鐘先生說：「明清人的記載中，頗有涉及之者。在一部分的民眾口中，現在還是樂道不衰。」（《民間文藝叢話》九一頁）他又說，這個傳說的記載，似以《廣東新語》為較早（同書同頁）。此書第八卷「劉三妹」條云：「新興女子有劉三妹者，相傳為始造歌之人。唐中宗年間，年十二，淹通經史，善為歌。千里內聞歌名而來者，或一日，或二三日，卒不能酬和而去。三妹解音律，遊戲得道。嘗往來兩粵溪峒間，諸蠻種類最繁，所過之處，咸解其語言。遇某種人，即依某種聲音作歌與之唱和，某種人奉之為式。嘗與白鶴鄉一少年，登山而歌，粵民及傜僮諸種人圍而觀之，男女數十百層，咸以為仙。七日夜歌聲不絕，俱化為石。土人因祀之於陽春錦石岩。岩高三十丈，林木叢蔚，老樟千章，蔽其半，岩，口有石磴，苔花繡蝕，若鳥跡書。一石狀如九曲，可容臥一人，黑潤有光，三妹之遺蹟也。月夕，輒聞笙鶴之聲。歲豐熟，則彷彿有人登岩頂而歌。三妹，今稱『歌仙』。凡作歌者，毋論齊民與傜、僮人，山子等類，歌成必先供一本祝者藏之，求歌者就而錄焉。不得攜出。暫積遂至數篋。兵後，今蕩然矣。」這個傳說見於他書的，與此稍有異同。鍾先生曾作一表，今照錄：

這個傳說又與客家人中通行的羅隱做天子故事混合（鍾先生說），便成了愚民先生所述的翁源的傳說（見《民俗》十三、十四期合刊）。據這個傳說，羅隱換了肋骨之後，不但做不成皇帝，便連舉人都中不到。他好不懊惱。只悶居家中，做了許多山歌，一本一本地堆滿三間大屋。但是唸給人家聽時誰也覺得不好。他的山歌太正經了，太文雅了，一般人老是不懂。他妹妹勸他說說女人。他答應了，又做了許多吟詠女人的山歌書，仍是一本本存在書房內。

劉三妹是遠近知名的才女。她的才學，誰都比不上，吟詩作對，件件都能，唱山歌更是她特別的本領，和人對唱到十日半月，都唱不盡。誰都喜歡她，誰都欽敬她，誰都怕她。她也很自負地說：「有誰和我猜（對唱）山歌，猜得我贏的，我便嫁給他。……」

於是羅隱載了九船所著的山歌書去見劉三妹，他以為一定可以取勝的。到了她的屋前，碰到一個少年姑娘在河唇擔水。他上前問道：「小姨，你可知道三妹的屋家在什麼地方？」「你找她做甚？」「我想和她猜山歌，把她娶來做老婆。」「請問先生有多少山歌？……」「一共有九船，三船在省城，三船在韶州，三船已撐到河邊，……」「那麼，你回去吧，你不是三妹的敵手。」「怎解？……」「滾開！」三妹高唱道——

石山劉三妹，路上羅秀才，人人山歌肚中出，哪人山歌船撐來？

唱得羅秀才啞口無語，翻遍船內的山歌書，都對不出來。惱得面紅耳赤，將三船的山歌書拋下河裡去，垂頭喪氣地回家去了。其他在韶州廣州的山歌，因為沒有焚掉（？），遂流傳世上，為人們所歌唱。（以上大部分用愚民先生《山歌原始的傳說及其他》原文）

這個傳說，江西也有（見《文學週報》三〇六期王禮錫先生《江西山歌與倒青山風俗》）。但「羅隱」卻換作「一個飽學先生」，「山歌書」卻換作「書」，而歌辭也微有不同。王先生說，江西歌謠大概分為二種；山歌「是客籍所獨有」。這個傳說就是關於山歌的，而男女競歌正是客族的風俗；那麼，這自然也是客族的傳說了。

以上一、四、六之二及三都帶有神話的意味。二是從政治的觀點上看，傳說味似最少，但「詩妖」一名，暗示著讖語之意，便當歸入這一類裡。四、五都說到秦始皇築長城，又說到始作歌謠的是女子（小姐或公主），又說唱了歌便忘了疲乏；這幾點我以為都有來歷。秦始皇築長城一點，大約是因為孟姜女歌曲流行極久極廣極多之故。大家提起歌謠，便會聯想到孟姜女、長城、秦始皇，所以便說歌謠因築長城而有了。說始作者是女子，也可以孟姜女故事解釋；一面又因女子善歌（如韓娥）且心慈，可以圓成其說。至於「忘疲」一層，則是唱歌者自然的心理，又可說是歌謠的一種很大的效用；以之插入傳說，也是自然而然的。四之二里，作始的女子變為「太白金星李長庚」，我疑心與一說有些關係；老人的慈善，或也是一因。六、七均說「對山歌」的起源，與上稍別；其成因可推測者，已分敘在各本條中。三又稍不同，亦已見本條中。

在這幾種傳說裡，我們可以看出一種共同的趨勢，就是，歌謠起於個人的創造。一、二雖沒有其他五說說得明白，但無所謂歌舞的群眾，甚至連群眾的聚會，也沒有這一層，是顯然的。這與我們從郭先生所說推測的結果恰恰相反。

【歌謠裡的第一身與歌謠的作者】

這個問題與歌謠起源有關，上文已說及。現在從《詩經》看起。《詩經》裡第一身敘述及第一身代名詞很多，差不多開卷即是——這是就《國風》、《小雅》而論；《大雅》與《頌》裡，可以說沒有歌謠（顧頡剛先生說，見《歌謠》三十九期）。漢魏及南北朝樂府，如「相和歌辭」、「清商曲辭」裡，第一身敘述及代名詞也不少。近代的小曲，客家謠，粵謳，佷歌，傜歌，僮歌，閩歌，臺灣歌謠，也是如此。可是《古謠諺》所錄，便不相同。自然，我們可以說，《古謠諺》所據各書，其採錄歌謠之意，或因政治關係，或因妖祥關係，所以多是歷史的歌謠或占驗的歌謠；這些都是客觀的，當然沒有第一身可見，這是歌謠的支流。《詩經》、《玉臺新詠》、《樂府詩集》所錄才是歌謠的本流，那是抒情的。但近代的北京歌謠和吳歌，確是抒情的，卻也幾乎全是第三身的敘述，這又是何故呢？我現在只能說：歌謠原是流行民間的，它不能有個性；第三身、第一身，只是形式上的變換，其不應表現個性是一樣——即使本有一些個性，流行之後，也就漸漸消磨掉了。所以可以說，第一身、第三身，都是歌謠隨便採用的形式，無甚輕重可言。至於歌謠的起源，我以為是不能依此作準的。

與第一身及個性問題連帶著的，便是作者。中國歌謠大部分也無作者，但並非全然如此。《詩經》、《玉臺》、《樂府》、《古謠諺》所錄，以及粵謳、客家歌謠，有一小部分——雖然是極小一部分——是有作者的。《古謠諺·凡例》中有所謂「出自構造」或「一人獨造」的謠，就是這一種；劉復先生所謂「官造民歌」（《歌謠週刊》八十號）也是這一種。而上舉江南、兩粵的傳說裡，也說到歌謠的作者。茲只舉明末閻典史守江陰時造出的四句歌謠——所謂「官造民歌」——為例：

無錫人團團一灶香，常州人獻了老婆又獻娘，靖江奶奶跪在沙灘上，唯有我江陰人寧死不投降！

還有小曲或唱本，與粵謳一樣，起初大抵是有作者的，只是不可考罷了。顧頡剛《吳歌甲集·自序》裡曾說，「這些東西，雖也是歌謠，但大部分是下等文人或鬻歌的人為了賺錢而做出來的。」這是不錯的。這些有作者的歌謠，加上那些傳說，即使還不夠建立起個人創造說，也盡足以使我們從郭先生的理論及那前三種傳疑的古歌裡所推得的結果動搖了。

【歌謠的傳布轉變與製作】

《清華週刊》三十一卷第四六四五號有 R.D.Jameson 先生《比較民俗學方法論》（*Comparative Folklore Methodological Notes*）一文，介紹芬蘭學派（Finnish School of Folklorists）的史

地研究法（Historico-geographical Method），或簡稱芬蘭法，是用最新的科學民俗學的方法，來研究歌謠的傳布與轉變。這個學派的創始人是去世不久的 Julins Krohn，他的兒子 Kaarle Krohn 教授繼續他的工作，使其說得行於世。Krohn 教授有《民俗學方法論》（*Die Folklonist-ische Arbeitsmethode* 一九二六）一書，敘述甚詳，此法可用來研究故事、神話、傳說、諺語、歌戲（Songs，Games）、謎語、禮俗等。

這個方法是用在同一母題的材料上的。Jameson 先生述其程式大略如下：

一　同一母題的種種變形，凡世界各地所有，都應盡量蒐集攏來。蒐集之後，應將內容一一加以分析，使其綱目相屬。

二　分析既畢，即將所有變形，加以比較。

變形常由於詳略、增減、復沓、轉換。以故事論，這種改變又常在首尾而不在中間。比較研究的結果，我們以完缺的程度為標準，常可以在許多變形中找出一個原形來。有了這個原形，我們就可以決定那些變形是最流行的，那些是較古的。有時我們還可以相當的決定種種變形是各自造成的，還是同出一源的。

這樣仍然不夠，還得從地理上看。我們若將鄰近的地域的材料放在一塊兒，便可發見許多事實。我們有時可以清清楚楚，看出它們詳略、增減、復沓、轉換的經過。從地理比較所

得的證據，也許幫助第一次比較（歷史的比較）的結論，也許推翻它；並可建立新說。（以上譯 Jameson 先生文大意）

這是最新的、科學的、民俗學的方法。用了這個方法，民俗學才不復是「好事者的談助，論理家的絕路」了。這個方法是最近才介紹給我們的，但我們十年來的研究卻與此有暗合的，關於故事的暫可不論，關於歌謠的，在下面將稍加引用。我特別舉出董作賓先生《看見她》這一本小書；這書所用的方法，與 Jameson 所述的芬蘭法實極相近，只是材料太少，所以偏於地理一面罷了。

有人研究四十五首《看見她》的結果，他說：「原來歌謠的行蹤，是緊跟著水陸交通的孔道，尤其是水便於陸。在北可以說黃河流域為一系，也就是北方官話的領土；在南可以說長江流域為一系，也就是南方官話的領土；並且我們看了歌謠的傳布，也可以得到政治區劃和語言交通的關係。北方如秦晉、直魯豫，南方如湘鄂（兩湖），蘇皖贛，各因語言交通的關係而成自然的形勢。」（《看見她》六頁）

顧頡剛先生《廣州兒歌甲集序》裡也說：「從上面這些證據看來，我們可以知道歌謠是會走路的；它會從江蘇浮南海而至廣東，也會從廣東超東海而至江蘇。究竟哪一首是從哪裡出發的呢？這未經詳細的研究，我們不敢隨便武斷。我們只能說這兩個地方的民間文化確有互相流轉的事實。其實，豈獨江蘇呢，廣東的民間文化同任何地方都有互相流傳的事實……」顧先生在《閩歌甲集序》裡，又說起閩南歌謠與蘇州的、廣州的相似。我想將來材料多了，我們可以就一類或一首歌謠，製成傳布的地圖，如方音地圖一般。

前引 Kidson 民歌的界說裡，曾說民歌「如一切的傳說一樣，易於傳訛或改變」。Kidson 又說，民歌的改變有兩種，一是無意的，一是有意的。無意的改變只是記不全的結果。有意的改變或是由於唱的人覺得難唱，或是由於辭意的優劣（《英國民歌論》十四頁）。但是歌謠在傳布時，因各地民俗及方音的不同而起的改變，也是一種有意的改變，在我看是最重要的。此外還有因合樂而起的改變，因脫漏連綴等而起的改變，一是有意的，一是無意的。

關於《看見她》的研究，供給我們很好的例子。他將四十五首《看見她》大別為南北二系，現在就兩系中各抄一首：

一　**陝西三原的：**

你騎驢兒我騎馬，看誰先到丈人家。丈人丈母沒在家，吃一袋煙兒就走價，大嫂子留，二嫂子拉，拉拉扯扯到她家；隔著竹簾望見她：白白兒手長指甲，櫻桃小口糯米牙。回去說與我媽媽，賣田賣地要娶她。

二　**江蘇淮陰的：**

小紅船，拉紅土，一拉拉到清江浦。買茶葉，送丈母，丈母沒在家，掀開門簾看見她：穿紅的，小姨子，穿綠的，就是她。梳油頭，戴翠花，兩個小腳ㄒㄍㄚㄍㄚ，賣房子賣地要娶她。

有人假定這首歌謠的發源，是在陝西的中部（《看見她》九頁）。他說：「歌謠雖寥寥短章，……北方的悲壯醇樸，南方的靡麗浮華，也和一般文學有同樣的趨勢。明明一首歌謠，到過一處，經一處民俗文學的洗禮，便另換一種風趣。到水國就撐紅船，在陸地便騎白馬，因物起興，與下文都有協和烘托之妙。」（同書三三頁）

所舉的這一類因於民俗的改變，細目很多，這只是大綱罷了。至於因於方音的改變，顧頡剛先生曾舉出一個好例子。他在《閩歌甲集序》裡，指出閩歌裡一首《月光光》，和《廣州兒歌甲集》裡一首《月光光》：「明明白白是一首歌而分傳在兩地的。我們……不但要注意它們的同，而且要注意它們的異。例如閩南的說：

指姜辣，買羊膽，

何以廣州的卻說：

子薑辣，買蒲突（苦瓜）？

這當然是因方音的關係：『膽』字與『辣』字不協韻了，不得不換作『突』字；或是『突』

字與『辣』字不協韻了，不得不換作『膽』字。但是這首歌傳到蘇州之後，又要改字了，因為『膽』與『突』都不能和『辣』字協韻。所以《吳歌甲集》裡的一首便說：

「薑末辣，買隻鴨。」

方音又可限制歌謠傳布的力量和範圍。《廣州兒歌甲集》序云：「我又要下一個假設：這歌（《看見她》）在廣州民間是不十分流行的……因為第三身代名詞稱他（或她）的區域，想到未婚妻，說到看見『她』便覺得很親切，很感受愉快。因此，這歌的韻腳的中心是『她』，從『她』化開來才有『鴉』、『喳』、『花』、『家』、『扯』、『拉』、『茶』、『巴』、『牙』、『家』諸韻。（看原書二二、二三頁）若對於這個韻腳中心，並不感到親切有味，則對於此歌本身便形隔膜而減少了流傳的能力。例如江蘇，這首歌可以傳到南京，傳到如皋，而傳不到蘇州，只因為蘇州人不稱『她』而稱『娌』了。廣州既稱『佢』，則其對於此歌之不親切，正與蘇州相同，恐怕這歌是偶然流來的，或者限於有某種特殊情形的兒童歌唱著。」

徒歌合樂，成為小曲，也有相當的改變，這是加上了許多襯字。此地所謂合樂，當以「自歌合樂」論。顧頡剛先生在《寫歌雜記》五里，說《跳槽》是從樂歌變成的徒歌。又在《雜記》九里，轉錄錢肇基先生的信。信中依據一種唱本做底子，將那首歌的正字和襯字分別了出來；他的意思或者是說，去了襯字，便是徒歌。今抄此歌於下：

自從（呀）一別到（呀到）今朝，今日（裡）相逢改變了，（郎呀！）另有（了）貴相好，〔過門〕（噲呀，噲噲唷，郎呀！）另有（了）貴相好。

此山（呀）不比那（呀那）山高，脫下藍衫換紅袍，（郎呀！）容顏比奴俏，〔過門〕（噲呀，噲噲唷，郎呀！）金蓮比奴小。

跳槽（呀）跳槽又（呀又）跳槽，跳槽（的）冤家又來了，（郎呀！）問你跳不跳？〔過門〕（噲呀，噲噲唷，郎呀！）問你好不好？

打發（呀）外人來（呀來）請你，請你（的）冤家請（呀請）弗到，（郎呀！）撥勒別人笑，〔過門〕（噲呀，噲噲唷，郎呀！）撥勒別人笑。

你有（呀）銀錢有（呀有）處嫖，小妹（妹）終身有人要，（郎呀！）不必費心了！〔過門〕（噲呀，噲噲唷，郎呀！）不必費心了！

你走（呀）你的陽（呀陽）關路，奴走奴的獨木橋，（郎呀！）處處（去）買香燒，〔過門〕（噲呀，噲噲唷，郎呀！）處處（去）買香燒。

但我比照詞曲的例，襯字總是後加進去的，所以我以為這是徒歌變成樂歌，與顧先生相反。但無論如何，改變總是改變；不過一是加字，一是減字罷了。

還有，威海衛的一首《看見她》，「後邊忽然變卦，娶回不是她了，『腳大面醜一臉疤』

了，於是發誓寧打一輩子光棍也不要她了；萊陽一首更奇，他到岳家便發現了未婚妻醜陋不堪，頭不是頭，腳不是腳，回家告給爹媽說，『打十輩子光棍也不要她』了。……本是一個來源，翻了案，便完全不同」（《看見她》三七頁）。我想這或是趣味不同之故，或是欲以新意取勝。——以上都可以說是有意的改變。

歌謠因時代的不同，地方的不同，或人的不同，常致傳訛；Kidson 所謂無意的改變，我想傳訛也是其一。《寫歌雜記》十云：「在《讀童謠大觀》（《歌謠》第十號）中，有以下一段文字：

貍貍斑斑，跳過南山；山南北，獵回界口；界口北面，二十弓箭！

據《古謠諺》引此歌，並《靜志居詩話》中文云：『此余童稚日偕閭巷小兒聯臂蹈足而歌者，不詳何義，亦未有驗。』又《古今風謠》載元至正中燕京童謠云：

腳驢斑斑，腳踏南山；南山北，養活家狗；家狗磨面，三十弓箭。

可知此歌自北而南，由元至清，尚在流行，但形式逐漸不同了。紹興現在的確有這樣的一首歌，不過文句大有變更，不說『貍貍斑斑』了。《兒歌之研究》（見《歌謠》三十四號《轉錄闌》）中說：『越中小兒列坐，一人獨立作歌，輪數至末字，中者即起立代之，歌曰：

鐵腳斑斑，斑過南山。南山裡曲，裡曲彎彎。新官上任，舊官請出。

此本抉擇歌（Counting-out rhyme），但已失其意而為尋常遊戲者。凡競爭遊戲，需一人為對手，即以歌抉擇，以末字所中者為定，其歌詞率隱晦難喻，大抵趁韻而成。』本集第三十二首所載，也是這一個歌而較長的：

踢踢腳背，跳過南山。南山扳倒，水龍甩甩。新官上任，舊官請出。木讀湯罐，弗知爛脫落（那）裡一隻小彌腳節頭（小姆腳趾頭）！

以我所知，這歌除了抉擇對手之外，還有判決惡命運的意思。例如許多小兒會集時，忽然聞到屁臭，當下問是誰撒的。撒屁的人當然不肯說，於是就有人唱著這歌而點，點到末一個『頭』字的，就派為撒屁的人，大家揶揄他一陣。從元代的『腳驢斑斑』，到這『踢踢腳背』，不知經過了多少變化了。而『南山扳倒』的『扳倒』還保存著『北』的北音，『舊官』與『家狗』猶是同紐。」這很夠說明因時代因地方的傳訛了。

與傳訛相似的，還有「脫漏」、「聯綴」、「分裂」三種現象。如《看見她》一題可分為五段：（1）因物起興，（2）到丈人家，（3）招待情形，（4）看見她了，（5）非娶不可。而南京一系無招待一節，「大概是傳說的脫漏」（《看見她》二四頁），這是第一種。

黨家斌先生譯述的《歌謠的特質》裡說：「唱歌的人又好把許多以前已有的歌裡，這裡摘一句，那裡摘一句，湊成一個新的歌。」（鐘敬文先生編《歌謠論集》三頁）梁啟超先生《中國美文及其歷史》稿裡論漢樂府，也說樂府裡有許多上下不銜接的句子，明是歌者就所熟憶，信口插入；他們原以聲為主，不管意思如何。他說晉樂所奏的《白頭吟》，便是一例：

皚如山上雪，皎若雲間月。聞君有兩意，故來相決絕。一解

平生共城中，何嘗斗酒會！今日斗酒會，明旦溝水頭；蹀躞御溝上，溝水東西流。二解

郭東亦有樵，郭西亦有樵；兩樵相推與，無親為誰驕！三解

淒淒重淒淒，嫁娶亦不啼。願得一心人，白頭不相離！四解

竹竿何裊裊，魚尾何離，男兒欲相知，何用錢刀為！如馬啖箕，川上高士嬉。今日相對樂，延年萬歲期！五解

「郭東亦有樵」四句，「如馬啖箕」四句，皆與上下文無涉，而「今日相對樂」二句，尤為樂府中套語。梁先生疑心這些都是歌者插入的，與「本辭」相較，更覺顯然。這與黨先生所說是很相像的。

又《看見她》「有的竟附會上另外一首歌謠。像完縣的兩首，因為傳來的是不娶便要上吊吊死（唐縣），就接連上《姑娘弔孝》的另一首歌」（同書一八頁）。這都是第二種。

又前引錢先生所舉《跳槽》一歌，百代公司唱片上另是一首，如下：

目今（呀）時世大（呀大）不同，有了西來忘（下）了東，（郎呀！）情理卻難容。〔過門〕

（噲呀，噲噲唷，郎呀！）情理卻難容。

好姊（呀）好妹吃了（什麼兒的）醋，好兄好弟搶了（誰的）風，（郎呀！）大量要寬洪。（過門）（噲呀，噲噲唷，郎呀！）大量要寬洪。

「人無（呀）千日好，花無百日紅」，「做一日和尚撞一日鐘」，（郎呀！）鐘鐘撞虛空。（過門）（噲呀，噲噲唷，郎呀！）鐘鐘撞虛空。

自從（呀）一別到（呀到）今朝，今日（裡）相逢改變了，（郎呀！）另有（了）貴相好。（過門）（噲呀，噲噲唷，郎呀！）另有（了）貴相好。

錢先生疑此二曲是「一曲分成者」。這可算第三種。——以上都可以說是無意的改變。

印刷術發明以後，口傳的力量小得多；歌唱的人也漸漸比從前少。從前的詩人，必須能歌；現在的詩人，大抵都不會歌了。這樣，歌謠的需要與製作，便減少了。但絕不是沒有；它究竟與別種文學一樣，是在不斷的創造中。譬如北平的電車，是十四年才興的；就在那一年，已經有了《電車十怕》的歌謠了。電車十怕：

車碰車。車出轍。弓子彎。大線折。腳蹬板兒刮汽車。腳鈴錘兒掉腦頦。執政府，接活佛，掛狗牌兒坐一車。不買票的丘八哥。沒電退票。賣票的也沒轍。（《歌謠週刊》九一號）

這種新創造是常會有的。

【歌謠所受的影響】

歌謠在演進中間，接受別的相近的東西的影響，換一句話，也可說這些東西的歌謠化。古代文化簡單，這種情形較少，近代卻有很多的例子。現在就所知的分條說明：

一　**詩的歌謠化**　這種情形卻在古代的歌謠裡就有。《樂府．相和歌辭．瑟調曲》裡，有《西門行》兩首，一是「晉樂所奏」的「曲」，一是「本辭」。本辭就是徒歌。其辭如下：

出西門，步念之。今日不作樂，當待何時？逮為樂，逮為樂，當及時。何能愁怫鬱，當復待來茲？釀美酒，炙肥牛，請呼心所歡，可用解憂愁。人生不滿百，常懷千歲憂。晝短苦夜長，何不秉燭遊？遊行去去如雲除，弊車羸馬為自儲。

《古詩十九首》裡也有一首，辭云：

生年不滿百，常懷千歲憂。晝短苦夜長，何不秉燭遊？為樂當及時，何能待來茲？愚者愛惜費，但為後世嗤。仙人王子喬，難可與等期！

這兩首的相同，絕難說是偶然。那晉樂所奏一首，與此詩相同之處更多。朱彝尊《玉臺新詠．跋》裡曾說此詩是文選樓諸學士裁剪後者而成。他的話並無別的證據，我以為是倒果為因；我想那首本辭是從古詩化出來的，而那首晉樂所奏的曲是參照古詩與本辭而定的。這首曲是工歌合樂，不能作歌謠論，但那首本辭確是詩的歌謠化。

蘇州的唱本裡，有一首「唐詩唱句」（《吳歌甲集》一〇六、一〇七頁），其辭云：

牡丹開放在庭前，才子佳人笑並肩：「姐姐呀！我今想去年牡丹開得盛，那曉得今年又茂鮮。」「冤家呀！你道是牡丹色好奴容好？奴貌鮮來花色鮮？」郎聽得，笑哈哈：「此花比妳容顏鮮！」佳人聽，變容顏，二目暖暖（原注，或是睜睜之訛）看少年。「既然花好奴容醜，從今請去伴花眠；再到奴房跪床前！」

顧先生找出所謂「唐詩」是唐寅的《妒花歌》，其文云：

昨夜海棠初著雨，數朵輕盈嬌欲語。佳人曉起出蘭房，折來對鏡比紅妝。問郎「花好奴顏好？」郎道「不如花窈窕。」佳人見語發嬌嗔，「不信死花勝活人！」將花揉碎擲郎前，「請郎今夜伴花眠！」（《六如居士全集》卷一）

這種我想是先由一個通文墨的人將原詩改協民間曲調，然後借了曲調的力量流行起來的。

二　**佛經的歌謠化**　近來敦煌發現了唐五代的俚曲，有《太子五更轉》（詳後），《禪門十二時》（羅振玉《敦煌零拾》）等，皆演佛經故事。《白話文學史》上卷裡說明這種東西的來源道：「梵唄之法，用聲音感人，先傳的是梵音。後變為中國各地的唄贊，遂開佛教俗歌的風氣。後來唐五代所傳的《淨土贊》、《太子贊》、《五更轉》、《十二時》等，都屬於這一類。」（二一四頁）梵唄是佛教宣傳的一種方法，是支曇籥（月支人）等從印度輸入的（二〇五頁，二一四頁）。「五更調」是直到現在還盛行的曲調，但其來源甚早；據吳立模先生的考查，陳伏知道已有《從軍五更轉》了（《歌謠週刊》五一號）。《樂府》三十三引《樂苑》曰：「『五更轉』，商調曲。按伏知道已有《從軍辭》，則『五更轉』蓋陳以前曲也。」那麼，《太子五更轉》自然是襲用舊調，以期易於流行了。茲將這兩首並抄於下：

一《**從軍五更轉**》

一更刁斗鳴，校尉逴連城，遙聞射鵰騎，懸憚將軍名。
二更愁未央，高城寒夜長，試將弓學月，聊持劍比霜。
三更夜驚新，橫吹獨吟春，強聽梅花落，誤憶柳園人。
四更星漢低，落月與雲齊，依稀北風裡，胡笳雜馬嘶。
五更催送籌，曉色映山頭，城烏初起堞，更人悄下樓。

二《**太子五更轉**》

一更初，太子欲發坐心思，□（原文此處為「□」，下同）知耶娘防守□，「何時得度雪山□。」

二更深，五百個力士睡昏沉，遮取黃羊及車□，朱鬃白馬同一心。

三更滿，太子騰空無見人。宮裡傳齊悉達無，耶娘肝腸寸寸斷。

四更長，太子苦行黃裡香，一樂菩提修佛道，不借你分上公王。

五更曉，大地下眾生行道了，忽見城頭白馬蹤，則知太子成佛了。（見《歌謠週刊》五一號，劉復先生《致吳立模書》）

《淨土宗的歌謠化》（《民俗》十七、十八期合刊）裡，說南陽唸佛的老婆婆們，自己杜撰出種種經典。「這種經典用的是歌謠體式。」一般人稱為「老婆經」，但「她們自己以為神祕之寶，不肯輕易傳人」。茲抄兩篇於下：

（一）《香爐經》

金香爐，腿又高，一年燒香有幾遭？清早燒香一誠心，手托黃香敬灶君。晌午燒香正當午，賢德媳婦勸丈夫。黑了燒香黑古東，賢德媳婦敬公公。南無阿彌陀佛！

這是關於她們唸佛的功課本身的。她們是這樣地信佛，她們的全部生活幾乎都佛化了，以下一首，便是這一面的例子：

（二）《線蛋兒經》

線蛋兒經，線蛋兒經，說是線蛋兒真有功。拿起線蛋兒往東纏，纏的「珍珠倒捲簾」；拿起線蛋兒往西纏，纏的「呂布戲貂蟬」；拿起線蛋兒往北纏，纏的蛱蝶鬧花園；拿起線蛋兒往南纏，纏的芍藥對牡丹。上纏纏，下纏纏，上纏烏雲遮青天；下纏八幅羅裙遮金蓮。左纏纏，右纏纏，左手纏的龍吸水；右手纏的篆子蓮。南無阿彌陀佛！

這一篇完全像歌謠，倘然截去了首尾。

四川有一種「佛偈子」，也是四五十歲以上的吃齋拜佛的老太太們唱的。劉達九先生說她們「每到做齋醮的時候，便到廟裡去拜佛。功課完畢了，……就相聚著唱佛偈子。這種佛偈子雖關於勸善的最多，然而情感方面的，社會家庭方面的也復不少。」（《歌謠紀念增刊》三二頁）

（一）

香要燒來燈要點，點起明燈過金橋；金橋過了八萬里，龍華會上好逍遙。——佛唉那唉阿彌陀。

這是宣傳佛教的理想的。

（二）

三根竹子品排生，隔山隔嶺來開親。開親之時娘歡喜，開親之後娘痛心。——佛唉那唉阿彌陀！

這是母親對於「娶了媳婦忘了娘」的兒子的教訓。劉先生采得的佛偈子共有三百多首。只就他文中所錄而論，除了宣傳佛教的，便都是這一類的，老太太們對於她們兒子、媳婦、女兒的教訓了。但是也有好事仿作了這種佛偈子來嘲笑她們，下面是廣元的一首，是一位趙永餘先生告我的：

半岩山上一苗蔥，一頭掐了兩頭空。心想唱個佛偈子，牙齒落了不關風。——佛唉那唉阿彌陀！

趙先生說，末兩句便是譏笑那些佛婆的。這種佛偈子，結尾皆用「佛唉那唉阿彌陀！」是它們的特色。

顧頡剛先生說：「歌詞中以『西方路上』起興者甚多，當是受佛曲之影響。」（《吳歌甲集》五五頁）又說：「凡佛婆所作歌，大都以『西方路上』開頭。」（同書一三二頁）我以為「佛曲之影響」應改為佛「教」之影響，《吳歌甲集》第五二、九五、九六、九七那四首，都以「西方路上」發端，大抵警世之作；而九七《西方路上一隻船》，意味最厚：

西方路上一隻船，歇船歇拉金鑾殿，牽來牽去佛身邊。老人家下船微微笑；後生家下船苦黃連：第一掉弗落好公婆，第二掉弗落好丈夫，第三掉弗落三歲孩童嘸娘叫，第四掉弗落四季衣衫件件新，第五掉弗落清水廟前一萬魚（原注，疑當作「灣」魚），第六掉弗落六六里個財神進我門，第七掉弗落七埭高樓八埭廳，第八掉弗落八色八樣弗求人，第九掉弗落九子九孫多富貴，第十掉弗落十代八代好鄉鄰。

這後三種似乎都是佛婆的製作，是她們人很多，能自成一社會；她們之有這種佛化的歌謠，可以說與農人之有秧歌是差不多的。

三　**童蒙書的歌謠化**　童蒙書指《三字經》、《百家姓》、《神童詩》、「四書」等。這種歌謠多是兒歌，以摘引書句為主。或是趁韻而成，或是嘲笑塾師，大抵是聯貫的，也有不大聯貫的。至於作者，或是兒童自己，他們不解所讀的書之意義，便任意割裂，信口成歌，或嘲笑先生，借資娛樂；但也許是好事者所為。如：

（一）

「人之初」，鼻涕拖；拖得長，吃得多。（何中孚先生《民謠集》二九頁）

（二）

「趙錢孫李」，隔壁打米。「周吳鄭王」，偷米換糖。「馮陳褚衛」，大家一塊。「蔣沈韓楊」，吃子勦饗。（《吳歌》四三頁）

（三）

「大學之道」，先生摜倒；「在明明德」，先生出脫；「在新民」，先生扛出門；「在止於至善」，先生埋泥潭。（《民謠集》三〇頁）

（四）

「梁惠王」，兩隻膀，蕩來蕩，蕩到山塘上；吃子一碗綠豆湯。（《吳歌》四二頁）

一是《三字經》，二是《百家姓》，三是《大學》，四是《孟子》。可注意的是，所引的都是開篇的句子；——五所引是開篇句子裡的名字——這大約因為這些開篇的句子，印象最深，大家唸得最熟之故吧。但也有不是開篇的句子的，如：

「人之初，性本善」，越打老的越不念。「君不君」——「君不君」，程咬金。「臣不臣」——沉不沉，大火輪。「父不父」——浮不浮，大豆腐。「子不子」——紫不紫，大茄子。（見《歌謠論集》，傅振倫先生《歌謠的起源》）

此歌全是趁韻，與前引二同。除「人之初」外，「君不君」四語均見《論語》；雖非開篇的句子，卻也引用得極熟了的。此外，俞平伯先生曾記過一段《論語》的譯文，說是流行於北方的：

「點兒點兒你幹啥？」「我在這裡彈琵琶。」「蹦」的一聲來站起，我可不與你三比。——

比不比，各人說的各人理。

三月裡三月三，各人穿件藍布衫，也有大，也有小，跳在河裡洗個澡。洗洗澡，乘乘涼，回頭唱個《山坡羊》。先生聽了哈哈喜，「滿屋子，學生不如你。」

趙永餘先生告我，陝西漢中也唱這一段，是用三弦和著的。《論語》原文如下：

「點，爾何如？」鼓瑟希，鏗爾，舍瑟而作。對曰：「異乎三子者之撰。」子曰，「何傷乎？亦各言其志也。」曰，「暮春者，春服既成，冠者五六人，童子六七人，浴乎沂，風乎舞雩，詠而歸。」夫子喟然嘆曰，「吾與點也。」（《先進》篇）

這一段譯文的神氣，與原文絲毫不爽，大約是文人所為，流傳到民間去的。還有，鐘敬文先生舉出海豐的一首歌謠道：

公冶長，公冶長，南山有個虎咬羊。你食肉，我食腸。（《歌謠週刊》七七號）

四川威遠也有此歌謠，下面多一句同下文所謂古歌。北方也有此歌，見 Headland《中國兒歌》（*Chinese Mother Goosed Rhymes*）：

老鴉落在一棵樹，張開口來就招呼：「老王，老王，山後有個大綿羊。你把牠宰了，你吃肉，我吃腸。」（四一頁）

公冶長變成「老王」了，但「王」與「長」還在同韻。鐘先生說那首歌謠是從下一首古歌裡出來的：

公冶長，公冶長，南山有個虎馱羊。
你食肉，我食腸；亟當取之勿徬徨！

他未說這首古歌的出處。他說這是詩，但又疑心是「當時或後代的民歌」。這個故事始見於梁皇侃《論語義疏》，他又是引《論釋》的話；可見這是一個很古的傳說。據這個傳說，公冶長解鳥語，因此被人誤會，是「在縲絏之中」；所以孔子說「非其罪」（《論語．公冶長》篇）。鳥語云何，本無明文；明田藝蘅《留青日札》才有記載，其辭與鐘先生所舉古歌近似，但「馱」作「拕」，無末句（以上據吳承仕先生《絸齋筆記》「鳥獸能言」條）。吳承仕先生說田說是「因皇疏而塗附之」。但以鐘先生所舉海豐歌謠證之，田說或亦是流行民歌，未必出自杜撰。因公冶長既早已成了傳說的人物，則關於他的歌謠的流行，實在是很自然的事。鐘先生所舉古歌，我以為是歌謠而不是詩。鐘先生還舉出一首關於公冶長的古歌，也未說出處；我看那也很像歌謠，只說的事不同罷了。假如我的話不錯，那麼，關於公冶長的歌謠，且不止一種了。又公冶長的故事發生雖早，但那首歌謠究竟起於何時，卻難斷定；而《論語》在明朝已是童蒙書，那首歌謠發生的時候若與著錄的時候相差不遠，我們還是可列入本條的。所以現在附錄在此。

四　曲的歌謠化　馮式權先生在《北方的小曲》（《東方雜誌》二十一卷六號）裡說：「詩變而為詞，詞變而為曲，……曲變成了什麼呢？我大膽的斷定：『曲』後來變成了『小曲』——小曲中的『雜曲』。」又說：「南北曲由結構上分成兩支：一支是『雜劇』及『傳奇』，一支是『小令』及『散套』。雜劇及傳奇的歌法，由『絃索的北詞』及『南戲』而『海鹽腔』，而『弋陽腔』，而『崑山的水磨調』，經了許多變遷；然而南北曲的格式卻是始終沒有什麼變化，並且自元以後也沒有新創作的曲子。至於『小令』同『散套』則因為不合時俗的歌法，就把它們的格式改變了，以後又有許多新的創作品，於是它們就同南北曲分家了。雜曲同南北曲之分離，大約在明初的時候；不過現在我們很難——或者不能——找到明初的小曲子供我們比較。但是可確定的，它們在明朝中葉已經完全脫離關係。在明朝創作的雜曲卻已經很有不少的了。」他還引沈德符的《野獲編》為證：「元人小令行於燕、趙，後浸淫日盛。自宣（宣德）正（正統）至化（成化）治（宏治）後，中原又行《瑣南枝》、《傍妝臺》、《山坡羊》之屬，……今所傳《泥捏人》及《鞋打卦》、《熬?髻》三闋……故不虛也。自茲以後，又有《耍孩兒》、《駐雲飛》、《醉太平》諸曲，然不如三曲之盛。嘉（嘉靖）隆（隆慶）間乃興《鬧五更》、《寄生草》、《羅江怨》、《哭皇天》、《乾荷葉》、《粉紅蓮》、《桐城歌》、《銀絞絲》之屬，自兩淮以至江南；漸與詞曲相遠。……比年以來（萬曆間）又有《打棗干》、《桂枝兒》二曲，其腔調約略相似；則不問南北，不問男女，不問老幼、良賤，人人習之，亦人人喜聽之；以至刊布成帙，舉世傳誦，沁人心腑。其譜不知從何來，真可駭嘆！又有《山坡羊》者，……今南北詞俱有此名；但北方唯盛愛數落《山坡羊》，其曲自宣（宣府）大（大同）遼東三鎮傳來；今京師妓女慣以此充『絃索北調』。……」這種「雜曲」的「格式」，——曲調——有同南北曲一樣，有的是改變了——改變的程度不一，但總不能全然脫離南北曲的影響。還有許多用南北曲的原文的。小曲是歌謠的一大支；馮先生的題目雖是「北方的小曲」，但他的話有些地方似乎是泛論的。又《白雪遺音》裡所錄，也是這一類小曲。《白雪遺音選》附有《馬頭調譜》，看那每字下面很長的工尺譜，似乎是和聲情多而辭情少的南曲相像的。

但小曲的來源，有些是很古的，如前引五更調，便是一例。

五　歷史的歌謠化　歌謠裡有「古人名」一種，大抵是不聯貫的。這是歷史的一種通俗化；其來源我疑心是故事或歷史小說，而非正經的歷史。《白雪遺音》收有此種（據鄭振鐸先生《白雪遺音選》序），但未見。張若谷先生《江南民歌的分類》文中敘事歌項下（《藝術三家言》二九八，二九九頁）列有《岳傳山歌》一名，當是唱本，也是歷史的歌謠化。又鐘敬文先生《客音情歌集》附錄中有一歌云：

姜公八十初行運；年少家貧心莫焦，曹王英雄今何在？蒙正當初處瓦窯。

這是聯貫的一首，姜太公早已故事化，不用說。呂蒙正（宋人）的故事也很多。曹王則借了《三國志演義》的力量，也已成了通俗的英雄。又江蘇宜興有兒歌云：

亮月亮，蜀國出了個諸葛亮。平生打過許多仗，吳魏見他真慌忙。可憐諸葛亮，平生壯志不能暢。後來蜀漢亡，免不得在地下淚汪汪。（黃詔年先生《孩子們的歌聲》一〇六頁）

這簡直是一本《三國志演義》的縮本了。這都是歌謠化了的歷史。

六　傳說的歌謠化　安徽合肥三河鎮有兒歌云：

風婆婆，送風來！打麻線，扎口袋；扎不緊，颳倒井；扎不住，颳倒樹；扎不牢，颳倒橋。（《歌謠》十二）

又吳歌云：

一個小娘三寸長，茄科樹（原注即茄莖）底下乘風涼。撥拉（被）長腳蟎蟻扛子去，笑殺子親夫哭殺子娘。（《甲集》二十頁）

這兩首歌似乎都從傳說出來；後一首很流行。那些傳說或已亡佚，或還存在偏僻的地方。傳說裡往往有歌謠，這是歌謠另一面的發展。如范寅《越諺》裡的《嚗嚗》云：

嗓嗓嗓，倍乃娘個田螺殼。榛榛榛，倍乃娘個田螺精。

這是螺女傳說裡的歌謠。螺女傳說，《搜神後記》中已有，但與民間流行者稍異。據我所知，這傳說大概是這樣的：「一個單身的鄉下人，出去種田。種完了田回家做飯。有一天回家時，飯菜已都好了；他自然大可怪。第二天也是這樣。第三天他可忍不住了，不去種田，卻躲在一旁偷看。他見一個美女從水缸裡出來，給他做飯。他仍裝做種田回來，吃完了飯，到水缸邊察看。他看見缸裡有一隻大田螺在著，心裡明白。明天，仍躲在一旁。等那美女出來了，他便輕輕將缸裡田螺殼取出藏起；走到屋裡，求她做妻子。她忙到缸邊，不見了那殼，無處藏身，便答應他了。後來生了孩子。孩子大了，別的孩子嘲笑他是異類，就唱出那首歌謠。（文字稍異）她聽見生了氣；要丈夫將螺殼取出來看看，取出來時，她便奪過投入水缸中，自己也隨著跳入，從此永遠不再出現。」（參看《中國文學研究》中西諦先生《螺殼中之女郎》）

劉策奇先生《故事中的歌謠》一文即記此種歌謠。（《歌謠週刊》五四）茲錄《懶婦的答詞》一則，是對唱的，情節簡單極了。劉先生所引，都是家庭故事，沒有一點神話的意味。一個家婆（據原注廣西象縣媳婦稱姑之母曰家婆）訓她的媳婦道：

早起三朝當一工。懶人睡到日頭紅。莫謂她家愛起早，免得年下落雪風。

媳婦答道：

早起三朝當一工。牆根壁下有蜈蚣。若被蜈蚣咬一口，一朝誤壞九朝工。

這是「附帶」在故事內的歌謠，與前所引不同。

七　戲劇的歌謠化　《白雪遺音》中有「戲名」一種，(據鄭序)與「古人名」的格式相同，只是內容換了戲劇罷了。又袁復禮先生改採的甘肅的「話兒」，有一首云：

焦贊孟梁火胡蘆，活化了穆哥寨了；錯是我兩個人都錯了，不是再不要怪了。

袁先生說這是受了小說、戲劇的影響；我想這只是《轅門斬子》、《穆柯寨》、《燒山》一類戲的影響，小說影響噹是間接的——那些戲是從小說出來的。

但有一個相反的現象，我們也得注意，這便是歌謠的戲劇化。歌謠本有獨唱、對唱兩種。據論理說，我們可以說獨唱在先；但事實恐未必然。前引各傳說，可為一證。對唱即對山歌，有定形、不定形之別：定形的如《吳歌甲集》九八、九九、一〇〇諸首，但具歌辭，不涉歌者；不定形的，則由男女隨口問答，或用舊歌，或由新創，如客民競歌的風俗及劉三妹傳說裡所表見的。這兩種對山歌都有戲劇化的傾向。但真正戲劇化了的，卻是小曲。小曲夾入了說白，分出了腳色，便具了戲劇的規模，加上登臺扮演，便完全是小戲劇了。馮式權先生曾舉出明朝《銀絞絲》的曲調，說到清朝不十分流行，卻「跑到舊劇裡邊去」，輾轉組成了

《探親相罵》一齣戲。徐蔚南先生《民間文學》裡，說山歌有「對唱並有說白」的一式。他只說依據山歌集，不知是何種何地山歌集。他引了《看相》一首，茲轉錄如下：

（旦唱）肩背一把傘，招牌掛在傘上，寫四個字，看相看得清，你信麼？咦兒嚇，無兒嚇，看相看得清，你信麼？我是鳳陽人，出門二三春，丈夫在家望，望我轉回程，可憐嚇！我本江湖女，來在大村坊，村坊高聲叫，叫聲看相人，有人麼？咦兒嚇，無兒嚇，有人麼？

（丑唱）聽說叫看相，忙步到來臨。

（旦白）看相麼？

（丑唱）抬頭打一望，見一女婆娘，是人麼？咦兒嚇，無兒嚇，見一女婆娘，是人麼？

（旦白）啐！

（丑唱）近前見一禮。

（旦唱）一禮還一禮。

（丑唱）家住那裡人？為何到此地？大嫂嚇！咦兒嚇，無兒嚇，為何到此地？大嫂嚇！

（旦唱）看相就看相，何必問家鄉？大爺嚇！咦兒嚇，無兒嚇，何必問家鄉？大爺嚇？我本鳳陽人，看相到此地，大爺嚇！咦兒嚇，無兒嚇，看相到此地，大爺嚇！

（丑唱）聽說鳳陽人，看相到來臨，將我看一相，要錢多少文？咦兒嚇，無兒嚇，要錢多少文？你說嚇！

（旦唱）大爺嚇，聽原因，我說你且聽，銅錢要八文，銀子要一分，不多嚇！咦兒嚇，無兒嚇，銀子要一分，不多嚇！

（丑唱）原來銅錢八百銀子要一斤。

（旦白）大爺聽錯了，銅錢八文銀子一分。

（丑白）本當回家看，老婆又要罵；本當書房看，先生又要罵。這便怎處？唔有了！大嫂路上可看得。

（旦白）家有家相，路有路相。……（五四——六一頁）

這一段中屢說「鳳陽人」，《鳳陽花鼓》是很有名的，這不知是不是花鼓一類。但由詞句看來，似乎也是從小曲化出來的。徐先生說是不登臺表演的。他又說「申曲」才是登臺表演的山歌。其組織「是一男一女，有時外加一個敲小鑼的人。如果沒有敲小鑼的人的時候，敲鑼的職務便由那演唱的男子擔任。他們在臺上，一方面用著浦東調唱山歌，一方面做出姿勢來表現歌曲裡的情景。有時男的還要化裝，臉上塗粉抹胭脂。」（五四頁）徐先生說上海富有之家，逢到婚姻喜慶之時，便去請一班「申曲」去演唱。後來為適應公共娛樂場所的需要，才毅然登臺演唱的。（五四，六一頁）

【追記的依託的構造的改作的摹擬的歌謠】

廣義地說，這些都可以說是摹擬的歌謠：小部分曾行於民間，大部分沒有——其中有些，本不為行於民間而作。

一　**追記的**　追記是對於口傳的古代歌謠而言。這有兩種意義：一是照原樣開始著錄下來，如前述白啟明先生之論《彈歌》；一是用當世語言著錄下來，彷彿太史公之譯《尚書》，郭紹虞先生之論《蠟辭》，便以為如此。普通用後一義，我現在也用這一義。若依前一義，那便是真正的歌謠了。我以為《彈歌》的文字，究竟還平易，或者也是第二種的追記。

二　**依託的**　「依託大都附會古人」（《古謠諺．凡例》），我所知只有《康衢謠》一例：《列子．仲尼》篇云：「堯治天下，五十年，不知天下治歟，不治歟？不知天下之願戴己歟，不願戴己歟？顧問左右，左右不知，問外朝，外朝不知；問在野，在野不知。堯乃微服游於康衢，聞兒童謠曰：

立我蒸民，莫匪爾極，不識不知，順帝之則。

堯喜，問曰：『誰教爾為此言？』童兒曰：『我聞諸大夫。』問大夫；大夫曰：『古詩也』。」

郭紹虞先生說：「此節文中很可以看出是因於孔子贊堯『蕩蕩乎民無能名焉』（《泰伯》篇）一

語而後推衍出來的。所謂『左右不知』『不識不知』云云，都所以為『民無能名』的形容。而且此《康衢謠》的前二句見《詩．周頌．思文》篇，後二句見《詩．大雅．皇矣》篇。固然《詩經》中亦多襲用成句之處，……但是我們不能據於晚出的偽書以信《思文》、《皇矣》二篇之襲用《康衢謠》成語，我們只能謂後出的《列子》掇拾《詩經》的成語以托為上古的歌謠。」（《中國文學史綱要稿》）這種聯綴成語的依託是很巧妙的。還有一種「補亡」，也可在此附論。郭先生說：「邃古傳說或者謂在某時代有某種作品，但是至於後世，往往歸於散佚，於是僅存其目而不能舉其辭。如夏侯玄《辨樂論》謂『伏羲氏因民興利，教民田漁，天下歸之，時則有網之歌；神農繼之，教民食谷，時則有豐年之詠。』《隋書．樂志》所言與之相同，不過其歌詞如何，早已散佚莫考。唐元結補樂歌十篇有《網歌》見《唐文粹》，其辭曰：

> 吾人苦兮水深深，網設兮水不深；
> 吾人苦兮水幽幽，網設兮水不幽。

元結又補《豐年詠》云：

> 猗大帝兮其智如神；分華實兮濟我生人。
> 猗大帝兮其功如天；均四時兮成我豐年。

此等出於後人依託，在當時作者既已明言，即在於今日亦猶可考知其主名，所以其本不是邃古文學很為明顯；而且，即伏羲、神農之號，《網歌》、《豐年詠》之目，已恐是出於後人的想像，則於其本身本已不能十分確信了。」

三　**構造的**　這又有三種：一是托為童謠，實是自作，並未傳播。如《南史·卞彬傳》云：「齊高帝輔政，袁粲、劉彥節、王蘊等皆不同，而沈攸之又稱兵反。粲蘊雖敗，攸之尚存。彬意猶以高帝事無所成，乃謂帝曰，『比聞謠云：

可憐可念屍著服，孝子不在日代哭；列管鳴死滅族。

公頗聞不？』蘊居父憂，與粲同死，故云『屍著服』也。『服』者，『衣』也；『孝子不在日代哭』者，『褚』字也。彬謂沈攸之得志、褚彥回當敗，故言『哭』也。『列管』，謂『蕭』也。高帝不悅。及彬退，曰，『彬自作此』。」這一段中一則曰「彬意」，再則曰「彬謂」，坐實了卞彬自作；但《南齊書》所敘稍含混。（據《古謠諺》八十七）

又《新唐書·董昌傳》云：「累拜檢校太尉，同中書門下平章事，爵隴西郡王。昌得郡王，咤曰，『朝廷負我；何惜越王不我與？時至，我當應天順人。』其屬吳繇、秦昌裕、盧勤、朱瓚、董庠、李暢、薛遼與妖人應智王、溫巫、韓媼，皆贊之。昌益兵城四縣自防。山陰老人偽獻謠曰：

欲識聖人姓，千里草青青；（《古謠諺》原註：原本無，今據《廣記》卷二百九十引《會稽錄》，及《全唐詩》十二函補）欲知天子名，日從日上生。

昌喜，賜百嫌。乾寧二年，即偽位，國號大越。」（據《古謠諺》八十七）又如《漢書·王莽傳》云：「風俗使者八人還，……詐為郡國造歌謠，頌功德，凡三萬言。」這自然也是未經傳播的。

二是為了某種政治目的，構造歌謠，使兒童歌之，傳於閭巷。有的是陷害人的，如北齊祖珽穆提婆與斛律光積怨。時周將軍韋孝寬忌光英勇，乃令參軍曲岩作謠言云：

百升飛上天，明月照長安

又曰：

高山不推自崩，槲樹不扶自豎。

珽因續之曰：

盲眼老公背上下大斧，饒舌老母不得語。

令小兒歌之於路。提婆聞之，以告其母女侍中陸令萱。萱以「饒舌」斥己也，「盲老公」謂珽也。遂相與協謀，以謠言啟帝。光竟以此誅。謠中「百升」謂「斛」，「明月」乃「光」字，「高山」則指齊也。（據《古謠諺》八十七引《北齊書·周書》）

這幾首謠辭說斛律光有野心，陷害之意甚明。更有用旁敲側擊法的，如《舊唐書》載裴度自興元請入朝時，李逢吉黨張權輿作謠詞云：

非衣小兒坦其腹，天上有口被驅逐。

「天上有口」言度嘗平吳元濟也。這謠詞乍看似乎是頌裴度的功德的，但張權輿的疏裡說，「度名應圖讖，……不召自來，其心可見」；所謂「圖讖」，便是這首謠詞了。這一來，謠詞裡說得越好，裴度便越危險了。可是這一回張權輿卻未成功。（據《古謠諺》八十七）

有的是煽惑人的，如《朝野僉載》逸文，《古謠諺》原注，據《廣記》卷二百八十八。載唐裴炎為中書令。時徐敬業欲反，令駱賓王畫計，取裴炎同起事。賓王乃為謠曰：

一片火，兩片火，緋衣小兒當殿坐。

教炎莊上小兒誦之，並都下童子皆唱。這樣裴炎便入了他們的圈套了——但《通鑑考異》說這件事是謠言（據《古謠諺》九十三）。又《明季北略》但載李岩為李自成造謠詞云：

穿他娘，吃他娘，開了大門迎闖王；闖王來時不納糧！（據《古謠諺》八十七）

這也是煽惑人的；但上一首是煽惑個人，這一首是煽惑民眾。

有的是怨謗人的，如《續漢書．五行志》載獻帝初京師童謠云：

千里草，何青青。十日卜，不得生！（《古謠諺》六）

「千里草」隱「董」字，「十日卜」隱「卓」字。這種歌詞雖說是童謠，但如此精巧，顯然是構造的。我疑心這是咒詛之辭，與「時日害喪」相同；其後來的應驗，則是偶然。真正占驗的童謠是沒有的。

關於為政治的目的而作的歌謠，我們還可舉一個籠統的例子。《全唐文》唐僖宗《南郊赦文》有云：「近日奸險之徒，多造無名文狀，或張懸文榜，或撰造童謠。此為弊源，合處極法。」歌謠與政治的關係，這裡是看得很重的。又前所舉「並未傳播」的、假托的童謠，也是關於政治的。

三是為騙錢而作的歌謠。如《酉陽雜俎》載，時人為僕射馬燧造謠，傳於軍中。謠云：

齋鐘動也，和尚不上堂。

這人後來去見馬燧，說此謠正說的他：「齋鐘動」，時至也；「和尚」，是他的名字；「不上堂」，不自取也。那時馬燧功高自矜；此人投其所好，恭維他將做皇帝。但此人又說照相看來，還小有未通處，須有值數千萬的寶物才行。馬燧信以為真，給了許多寶物；此人於是一去不知所之。（據《古謠諺》九十七）這雖也像煽惑，而本旨實在騙錢，但仍是與政治有關的。

至於《堅瓠集》所載一條，卻又不同：「武進翟海槎（永齡）赴南京，患無貲。買棗數十勑。每至市墟，呼群兒至，每兒與棗一掬，教之曰：

> 不要輕，不要輕，今年解元翟永齡。

一路童謠載道。聞者多覓其旅邸訪之，大獲贐利。」（《古謠諺》九十七）這與政治無關，只是利用相傳的以童謠占驗的社會心理來騙取一些盤費罷了。——以上二、三兩種雖出構造，後來卻成為真正的歌謠，與別的真正的歌謠一樣。第一種則不能以歌謠論。

四　改作的　這也有兩種：一是為教育的目的而改作的，如明朝呂坤的《演小兒語》。《談龍集》引《小兒語》（《演小兒語》是《小兒語》的末卷）的《書後》，是呂坤做的，他說：「小兒皆有語，語皆成章，然無謂。先君謂無謂也，更之，又謂所更之未備也，命余續之；既成刻矣，余又借小兒原語而演之。」末一語即指《演小兒語》那一卷。《談龍集》又說，據這一卷的小引，卷中所錄，「是採取直隸、河南、山西、陝西的童謠加以修改，為訓蒙之用者。」

> 風來了，雨來了，老和尚背著鼓來了。

一首也在裡面，只是下半改作過了。（二八五至二九〇頁）

二是為文藝的目的而改作的，如黃遵憲的《山歌》九首，實是由客家山歌改成的詩。他自序云：「土俗好為歌，男女贈答，頗有《子夜》、《讀曲》遺意。采其能筆於書者，得數首。」文人好為狡獪，明明是改作，卻偏要隱約其詞。茲舉其一首為例：

買梨莫買蜂咬梨，心中有病沒人知。因為分梨更親切，誰知親切轉傷離？（以上據《五十年來中國之文學》）

黃氏所改的原歌，現在都已無從查考。但閩謠裡有一首云：

買梨莫買蟲咬梨，心中有苦那得知！因為分梨更親切，那知親切轉傷梨？

這見於前引王禮錫先生文中，與黃氏詩只差數字。據王先生說，此謠也只流行於福建客籍中間；不知黃氏所據的原歌，與此是否一樣。若是的，黃氏所改似也很少。

五　摹擬的　說到摹擬的歌謠，我們首先想到的自然是擬作的樂府。這種作品極多，是一個重要的文學趨勢。《漢書．禮樂志》說武帝時「立樂府，采詩，夜誦，有趙代秦楚之謳。以李延年為協律都尉」。《白話文學史》說，「『樂府』即是後世所謂『教坊』」（三〇頁），是「一個俗樂的機關，民歌的保存所」。（三一頁）又說：「民間的樂歌收在樂府的，叫做『樂府』；而文人模仿民歌作的樂歌，也叫做『樂府』；而後來文人模仿古樂府作的不能入樂的詩歌，也叫做『樂府』或『新樂府』。」（三三頁）這種模仿的樂府始於何時呢？又說：「大概西漢只有民歌；那時的文人也許有受了民間文學的影響而作詩歌的，但風氣未開，這種作品只是『俗文學』。到了東漢中葉以後，民間文學的影響已深入了，已普遍了，方才有上流人出來公然仿效樂府歌辭，造作歌詩。文學史上遂開一個新局面。」（五六頁）

黃侃先生區樂府為四種：「一、樂府所用本曲，若漢相和歌辭《江南》、《東光》之類是也。二、依樂府本曲以制辭，而其聲亦被絃管者；若魏武依《苦寒行》以制《北上》，魏文依《燕歌行》以制《秋風》是也。三、依樂府題以制辭，而其聲不被絃管者；若子建、士衡所作是也。四、不依樂府舊題，自創新題以制辭，其聲亦不被絃管者；若杜子美《悲陳陶》諸篇，白樂天新樂府是也。從詩歌分途之說，則唯前二者得稱樂府，後二者雖名樂府，與雅俗之詩無殊。從詩樂同類之說，則前二者為有辭有聲之樂府，後二者為有辭無聲之樂府。如此復與雅俗之詩無殊。」（范文瀾《文心雕龍．講疏樂府》篇引）一是合樂的歌謠，二、三、四都是摹擬的歌謠，雖然性質程度各異。這種摹擬的風氣，至唐朝已漸衰，宋更甚；但元朝卻又漸漸走轉來，到明朝竟是「寸步不移，唯恐失之」——那種字句的摹擬是古所未有的。清朝則似乎又恢復唐朝的樣子。以上第二種便是曹植《鼙舞詩序》裡所謂「依前曲，作新聲」（《白話文學史》五九頁）；樂府在漢末，還是可歌的。（看同書五八、五九頁）這種「依譜填詞」的辦法，仍以原來的曲調為主，但文字的體裁上，可是摹擬的。第三、四及以下，則竟是按照不同的程度，將樂府當作詩之一種體裁而摹擬了。

作家的詩以「歌」「行」名的（用樂府古題者除外）至少體裁上是摹擬樂府的。茲舉李白《元丹丘歌》、杜甫《最能行》為例：

> 元丹丘，愛神仙，朝飲潁川之清流，暮還嵩岑之紫煙，三十六峰長周旋。長周旋，躡星虹，身騎飛龍耳生風，橫河跨海與天通。——我知爾遊心無窮！

> 峽中丈夫絕輕死，少在公門多在水。富豪有錢駕大舸，貧窮取給行艓子。小兒學問止論語，大兒結束隨商旅，欹帆側柂入波濤，撇漩捎無險阻。朝發白帝暮江陵，頃來目擊信有征；瞿塘漫天虎鬚怒，歸州長年行最能。此鄉之人器量窄，誤競南風疏北客，若道士無英俊才，何得山有屈原宅。

這兩首體裁、意境，都像樂府。而詩之稱「行」者，更多是摹擬樂府之作。至詩以「謠」名的，《穆天子傳》有《白云謠》、《穆天子謠》等。這些我想至多也只是追記的；似乎是摹擬《詩》三百篇的作品。後來陳後主有《獨酌謠》四首，孔仲智有《羈謠》（《樂府》八十七），體裁上像是摹擬樂府；但意境全然是個人的——《白雲謠》等亦如此。以上《樂府》都列入《雜歌謠辭》。唐李白有《廬山謠》，中有句云：

> 好為《廬山謠》，興為廬山發。

這種意境當然也是個人的。又溫庭筠《樂府倚曲》裡有《夜宴謠》、《蓮浦謠》、《遐水謠》、《曉仙謠》、《水仙謠》，見《樂府·新樂府辭》。這些謠的體裁意境便都像樂府了。舉《水仙謠》為例：

水客夜騎紅鯉魚，赤鸞雙鶴蓬瀛書。輕塵不起雨新霽，萬里孤光含碧虛。露魄冠輕見雲發，寒絲七柱香泉咽。夜深天碧亂山姿，光碎玉（一作平）波滿船月。

以上都是摹擬古歌謠的；而且除黃先生所舉第二種外，都是將歌謠當作詩之一體去摹擬的——這樣，便不注重聲的一方面了。至於近世歌謠，一向為人鄙視，沒有摹擬的人。直到前幾年，才有俞平伯、劉復兩先生樂意來嘗試。俞先生有《吳聲戀歌十解》，載在《我們的七月》（一九二四年）上；劉先生有《瓦釜集》，十五年由北新出版，那是摹擬江陰民歌的。他們是將歌謠當作歌謠去摹擬，不但注意體裁，而且注意曲調，和漢末的「依前曲，制新聲」是相仿的。茲各舉一例：

恩愛夫妻到白頭；花要飄來水要流！郎心賽過一片東流水，小奴奴身體像花浮。（《吳聲戀歌十解》之九）

一隻雄鵝飛上天，我肚裡四句頭山歌無萬千。你裡若要我把山歌來唱，先借個煤頭火來吃筒煙。

一隻雄鵝飛過江，江南江北遠茫茫。我山歌江南唱仔還要唱到江北去，家來買把笤帚，送把東村王大郎。（《瓦釜集·開場的歌》）

二　歌謠的起源與發展

三　歌謠的歷史

【古歌謠與近世歌謠】

中國古代歌謠的著錄，或因音樂的關係，或因占驗的關係，見於所謂正經書裡的，大抵不外此兩種。志書以「觀風」的見地收錄歌謠，當已在很晚的時期（太史陳詩，以觀民風之說不足信；《詩經》所錄，實全為樂歌，見下）；至於當作文藝而加以輯錄的，則更晚了。此層第一章裡也已說過。無論取那一種觀點，他們不曾認識歌謠本身的價值卻是一樣。他們對於歌謠，多少有一點隨便的態度；因此歌謠在著錄時，便不免被改變而不能保全其真相。這種改變，在樂工的手裡，便是為了音樂的緣故；在文人的手裡，便是為了藝術的緣故。顧頡剛先生說，「《詩經》裡的歌謠，都是已經成為樂章的歌謠，不是歌謠的本相」（《歌謠》三九）；他的理由也許太系統的了，但這個結論我相信。樂府裡往往同一首歌「本辭」很簡單明白，入樂後繁複拖沓，正可作一旁證。其實就是那些本辭，也未必不經文人潤色。他如正史及故書雅記中所載童謠，當更不免如此。只有筆記中所收，或者近真的較多；因為筆記的體裁本不甚尊，無須刻意求雅，所以倒反自由些。至於《古謠諺》，體例極為謹嚴，原不至有所潤色；但書中材料，全是轉錄故書，非從口傳寫錄者可比，所以仍未必為真相。《粵風》原輯諸人，錄自口傳，而動機在於好奇，不為學術，有無潤色，也頗難說。華廣生所輯，疑有唱本之類，不全得自民眾口中；他書末全錄《玉蜻蜓》彈詞，便是可疑的證據。這些中除《粵風》中各歌，至今或尚有流行，可資參證外，我們都稱之為古歌謠。它們或較原歌繁複，或較精巧，大都非本來面目。自然，我們也承認古今語言之異，不應以今衡古；但繁簡精粗之別，另是一事，不致與古今之異相混的。

北京大學歌謠研究會徵集全國近世歌謠簡章第三條說：「現定時期，以當代通行為限。」這「當代通行」四字，便是他們所謂「近世」的界說。這個界說本身也許不很確切，但極便應用。上章引過一位老太太的話，說歌謠是活在民眾口中的，一印到紙上，便是死的了。常惠先生也說：「無論怎樣，文字絕不能達到聲調和情趣，一經寫在紙上，就不是他了。」（《歌謠論著》三〇五頁）但是為研究起見，我們只有寫錄和用留聲機的蠟片收音兩法；後一法自然最好，而太費；事實上絕不能每歌都用此法，且一曲兩種調，這樣便得一件活東西分剖開了，卻也是無法的事。關於曲調的寫錄，須有一副音樂家的耳朵和手，非盡人所能為；當然是很難精確的。至於寫錄詞句，卻較容易些；雖然有許多有音樂字的字，也頗困難。寫錄既如此難得精確，自然不能靠書本或傳聞，所以常先生說，「非得親自到民間去蒐集不可。」（同上）有了這種精確的材料才可說到研究，而真正著手，還嚴格說，非等待材料齊備不可。不然，終於是「好事者的談助」而已。現在我們的材料本不多，整理出來的更少。而曲調的收集或寫錄，幾乎還未動手呢。以上所說，是專就口傳的歌謠說；至於唱本，自當別論。唱本的曲調，收集與寫錄，與口傳的歌謠方法上無甚分別；只是詞句是印成的。唱本原為的識字的人，他們可以拿本子看著唱。而別人學他們唱的卻就不靠著本子。這樣傳播開去，往往有多少的改變，如四季相思、五更調、十杯酒、十二月等，都是。所以唱本的蒐羅——現在只有少數人做這事，顧頡剛先生是一個——固然要緊，卻仍不能丟開了那些口傳的變異不管。唱本自然不會有很古的，但也可用「當代通行」一個條件為比較的古近之界。唱本的數量很可驚，因為各地似乎都有，蒐集的事，也是一件大工作。

【詩經中的歌謠】

《詩經》所錄，大抵全是周詩（商頌亦是周詩，論者甚多，王國維先生《觀堂集林》中有《說商頌》一文，可參看），這是我們最早的詩歌總集，也可說是我們最早的唱本。《詩經》

以前，雖還有好歌謠，都靠不住；比較值得討論的，前章中均已說過。我們現在講歌謠的歷史，簡直就從《詩經》起頭好了。

顧頡剛先生有《從（詩經）中整理出歌謠的意見》一文（《歌謠》三九），他說：

《詩經》三百五篇中，到底有幾篇歌謠，這是很難說定的。在這個問題上，大家都說「風」、「雅」、「頌」的分類即是歌謠與非歌謠的分類，所以風是歌謠，雅頌不是歌謠。這就大體上看，固然不錯，但我們應該牢牢記住的，這句話只是一個粗粗的分析而不是確當的解釋。

我們看《國風》中固然有不少的歌謠，但非歌謠的部分也實在不少。……因為是為應用而做的。反看《小雅》中，非歌謠的部分固是多，但歌謠也是不少。……

《大雅》和《頌》，可以說沒有歌謠。（《國風》與《小雅》的界限分不清，《小雅》與《大雅》的界限分不清，《大雅》和《頌》的界限分不清，而《國風》與《大雅》和《頌》的界限是易分清的。……）其故大約因為樂聲的遲重，不適於譜歌謠；奏樂地方的尊嚴，不適於用歌謠。《小雅》的樂聲，可以奏非歌謠，也可奏歌謠，故二者都占到了一部分。——這是我的假定。

我始終以為詩的分為風雅頌，是聲音上的關係，態度上的關係，而不是意義上的關係。……音樂表演的分類不能即認為意義的分類，所以要從《詩經》中整理出歌謠來，應就意義看看一首詩含有歌謠的成分的，我們就可說它是歌謠；風雅的界限可以不管，否則就在《國風》裡也應得剔出。

再有一個意思，我以為《詩經》裡的歌謠，都是已經成為樂章的歌謠，不是歌謠的本相。凡是歌謠，只要唱完就算，無取乎往復重沓。唯樂章則因奏樂的關係，太短了覺得無味，一定要往復重沓好幾遍。《詩經》中的詩，往往一篇中有好幾章都是意義一樣真，章數的不同只是換去了幾個字。我們在這裡，可以假定其中的一章是原來的歌謠，其他數章是樂師申述的樂章，如：

月出皎兮，佼人僚兮。舒窈糾兮，勞心悄兮。
月出皓兮，佼人懰兮。舒懮受兮，勞心慅兮。
月出照兮，佼人燎兮。舒夭紹兮，勞心慘兮。

這裡的「皎、皓、照」，「僚、懰、燎」，「窈糾、懮受、夭紹」，「悄、慅、慘」，完全是聲音的不同，借來多做出幾章，並沒有意義上的關係（文義上即有不同，亦非譜曲者所重）。在這篇詩中，任何一章都可獨立成為一首歌謠；但聯合了三章，則便是樂章的面目而不是歌謠的面目了。（顧先生後來寫《論詩經所錄全為樂歌》一文，補充這一段所說，相信由徒歌變成的樂歌不都是一篇中唯有一章是原來的歌詞。）

我們在這裡，要從樂章中指實某一章是原始的歌謠，固是不能；但要知道那一篇樂章是把歌謠作底子的，這便不妨從意義上著眼而加以推測。雖則有了歌謠的成分未必即為歌謠，也許是樂師模仿歌謠而做出來的；但我們研究之力所可到的境界是止於此了，我們只可以盡這一點的職責了。

顧先生別有《論詩經所錄全為樂歌》長文（《北京大學國學門研究所週刊》十、十一、十二），說得極為充暢。但他堅執那些整齊的歌詞，復沓的篇章，是樂工為了職業而編制的；我們覺得還可商榷。他說「古代的成人的抒情之歌極復沓」；又說「古代徒歌（歌謠與非歌謠）中的復沓是可以有的，但往往用在對偶、反覆、尾聲，而不是把一個意思復沓成為若干章。」又今日的成人的抒情之歌也極少復沓，復沓的只是兒歌和對山歌。他又引吳歌《跳槽》和《玉美針》的樂歌和徒歌，證明徒歌簡而樂歌繁；引《五更調》及《十二月唱春調》，證明樂歌的迴環復沓，是由於「樂調的不得已」。顧先生的主要觀點是以今例古，這是不很妥當的。我們可以說，古代成人的抒情的歌有些也和今日的兒歌和對山歌一樣，是重章的；證據便是《詩經》。至於今日成人的抒情的歌，則已進化，所以重章只遺留在兒歌和對山歌裡了。這個「進化」的解釋，我想也許較自然些；今古遙遙不相接，究竟難以此例彼的。至於五更與十二月，原是自然限制，無所謂「樂調的不得已」；《詩經》中也絕無相同的例。要說「樂詞的不得已」，《䠶槽》和《玉美針》兩歌，倒是適當的例子；但也只能證明徒歌不分章，樂歌是分章的，又樂歌中添了些「襯字、疊字、擬聲」而已。至於整齊的歌詞，復沓的篇章，是樂歌的特色，所以別於徒歌，這一層卻並未能證明。這兩歌的情形和樂府很相像。樂府所載入樂的歌，與本辭相較，確多用些重疊；但也只增加句子，分分解數，並不如顧先生所說，將一意重疊為數章；而且樂歌還往往不及本辭整齊呢。《詩經》與樂府的時代相去不遠，樂府入樂的辦法或與《詩經》有關，亦未可知。顧先生文中所舉別的證據，足夠使我們相信《詩經》所錄全為樂歌，相信徒歌改為樂歌時，樂工重加編制。但他將編制的方法說得太呆板了，倒反不能自圓其說了。他對於《葛生》一詩，也知道不能應用他的原則，但他卻還要堅持那原則，發揮下去，這未免有些偏了。

怎麼知道《詩經》中有一部分是徒歌變成的樂歌呢？顧先生說：「因為王制說『命太師陳詩以觀民風』，《漢書．食貨志》說『孟春之月，群居者將敬，行人振木鐸，徇於路以采詩，獻之太師，比其音律，以聞於天子』。在這些話裡，是說《詩經》中一部分詩是從徒歌變為樂歌的。但這些話都是漢代人的，未必一定可靠。我所以還敢信它們之故，因為漢以後的樂府有變民間徒歌為樂歌的。」

我以為采詩觀風之說，未必可信。但樂工們為職業的緣故，自動或被動地蒐集各地的

「土樂」（《國風》）以備應用，卻是可能的。也許魯國最講究這層，所以蒐集保存的獨多，便成了傳到現在的《詩經》。這雖是揣測之談，但也有些證據。《左傳》襄公二十六年季札到魯國觀樂，樂工所歌的與《詩經》幾乎全同，這可見魯國樂的著名與完備了。

顧先生據《儀禮．鄉飲酒禮》而知古代典禮中所用的樂歌有三種：（一）正歌，（二）無算樂，（三）鄉樂。正歌是在行禮時用的；無算樂則多量的演奏，期於盡歡；鄉樂則更隨便，有什麼是什麼了。「鄉樂」一名應該作鄉土之樂解。因為慰勞司正是一件不嚴重的禮節，所以吃的東西只要有什麼是什麼，聽的東西也只要點什麼是什麼。鄉土之樂是最不嚴重的，故便在那時奏了。其實我們不能分樂詩為「典禮所用的」與「非典禮所用的」，我們只能分樂詩為「典禮中規定應用的」與「典禮中不規定應用的」。正歌一類是典禮中規定應用的；至於「無算樂」，「鄉樂」，以及《左傳》中所記的雜取無擇的賦詩，是典禮中不規定應用的。規定應用的，大都是喬皇典麗的篇章，不出《南》、《雅》之外；不規定應用的，不妨有愁思和諷刺的作品，《邶》、《鄘》以下和《雅》中的一部分，便作此等用。

孔子曾說了兩次「鄭聲」。《衛靈公》篇云：「顏淵問為邦。子曰：『樂則韶舞，放鄭聲，……鄭聲淫……。』」《陽貨》篇云：「惡鄭聲之亂雅樂也。」

孔子是正《雅》、《頌》的人，他說「鄭聲亂雅樂」，「正」和「亂」正是對立之詞；雅樂既是指《雅》、《頌》，則別正聲於雅樂之外，似乎他是把「鄭聲」一名泛指著一般土樂。（《國風》）所以有此假設之故，因為《漢書．禮樂志》中的紀事，也是把燕代秦楚各地的音樂都喚做「鄭聲」的。而真正鄭地的樂工在西漢樂府中倒反沒有。從《禮樂志》裡，並可見此類樂調單言則於「鄭聲」，疊舉則為「鄭衛之音」。「鄭聲」一名如此用法，成了一個很普泛的樂調的名字，正如現在所說的「小調」。因為其中以鄭國為最著名，所以總稱為「鄭聲」（以上節錄顧先生原文）。也便是「典禮中不規定的」那些樂歌了。

陸侃如先生的《詩經研究》稿本用王質程大昌之說，將「南」與《風》、《雅》、《頌》並列，為《詩經》的四體，以為都是樂名。顧先生《論詩經所錄全為樂歌》一文中所說也相同。陸先生研究的結果，以為今本《詩經》的次序應該翻過來，現在《南》最前，《風》次之，《雅》又次之，《頌》最後。其實《頌》的時代最早，《雅》次之，《風》又次之，《南》最晚出。他有一表，示四體發生的先後：（「表」見下頁）

自周民族滅商，代興以後，最初起的詩是舞歌和祭歌，即所謂「周頌」是。《頌》聲寢息，《雅》詩便漸漸興起。因為音樂的關係，分為大小二種。《大雅》為西周的作品，《小雅》為西周末年及東周初年的作品。《小雅》與《國風》差不多同時，《國風》略後。《國風》共十三國，但邶之詩已亡（現在的邶二風，實是衛風），現存僅十一國。可分為五種：《豳》、《檜》全是西周之詩，為第一種；《秦風》為東西周之交之詩，為第二種；《王》、《衛》、《唐》為東周初年之詩，為第三種；《齊》、《魏》為春秋初年之詩，為第四種；《鄭》、《曹》、《陳》為春秋中年之詩，為第五種。這與今本《詩經》次序不同，是比較合理的次序。

東遷以後，長江流域對於古代文學有很大的貢獻，所謂二《南》是。《國風》的十一國，是環繞著東都的：豳秦在其西，魏唐在其北，衛齊在其東，鄭陳檜曹在其南。因遷都的關係，文化的中心點也向東南移動，故現在的河南一省實為古代詩歌最盛的地方。同時楚國漸漸強盛——「漢陽諸姬，楚實盡之」——文化的程度也漸漸的增高。在東周之世，實在是一個楚民族與周民族對峙的局面。二《南》便是東遷後的楚詩，可以謂之楚風。詩經時代五百年的大勢約略如此(以上大部分是陸先生原文，考證從略)。

《小雅》存七十四篇，陸先生就其內容，分為祭祀詩、燕飲詩、祝頌詩、諷刺詩、抒情詩、史詩諸種；抒情詩又分為政治的，非政治的兩種。非政治的，大致是說親子、夫婦、朋友之愛的；政治的抒情詩與諷刺詩之別，一是重在自己，一是重在別人。顧先生以為凡關於典禮的詩，都是為應用而做的，所以不能算作歌謠。但此層也當分別論之。現在的歌謠裡，儀式歌不少；古代比現在看重儀式得多，一定說歌謠裡不能有儀式歌，怕也不甚妥當。例如《白駒》自然不是歌謠，但《斯於》，就很像民間作品了。就陸先生所分的說，大致諷刺詩裡可以說沒有歌謠，其餘就都難論定；自然，抒情詩裡，歌謠應該多些。其實顧先生的話，現在也只能供參考，不能即成確定不移之說；陸先生的話也是如此。

《國風》一百三十五篇，二《南》二十五篇，共一百六十篇。這十二國各有各的特點。《漢書．地理志》云：

「故秦地，……詩風兼秦豳兩國。……其民有先王遺風，好稼穡，務本業。故豳詩言農桑衣食之本甚備。……安定，北地，上郡，西河，皆迫近戎狄，修習戰備，高上氣力，以射獵為先。故秦詩……言車馬田狩之事。

河內本殷之舊都，……《詩．風》邶、鄘、衛國是也。……俗剛強，多豪桀侵奪，薄恩禮，好生分。

衛地有桑間濮上之阻，男女亦亟聚會，聲色生焉。故俗稱鄭衛之音。

河東土地平易，有鹽鐵之饒，本唐堯所居，《詩．風》唐魏之國也。……其民有先王遺教，君子深思，小人儉陋，故唐詩《蟋蟀》、《山樞》、《葛生》之篇，……皆思奢儉之中，念死生之慮。

鄭國……土狹而險，山居谷汲，男女亟聚會，故其俗淫。

陳國……婦人尊貴，好祭祀，用史巫，故其俗好巫鬼。

齊詩曰，「子之營兮，遭我虖嶩之間兮」，又曰，「俟我於著乎而」，此亦舒緩之體也。

這裡所錄，皆是與《詩》有關的。除《檜》、《王》、《曹》三風及二《南》外，皆已論及。陸先生研究的結果，與此可以參看。他說《豳風》重農，《秦風》尚武，《王風》多亂離之作，《衛風》、《鄭風》、《陳風》善言情；《唐風》黯淡，多及時行樂之詠；《魏風》多諷刺，是社會或政治狀況的反映。《曹風》多政治的詩，《蜉蝣》一篇，則為憂生之嗟。二《南》多言情之作，《檜》、《齊》也如此。謝晉青先生《詩經之女性的研究》裡說十五《國風》中，經他認為有關婦女問題的，共八十五篇。其中最多的為戀愛問題詩，其次即為描寫女性美和女性生活之詩，再其次就是婚姻問題和失戀的作品。照謝先生的計算，有關婦女的詩，竟占了《國風》和二《南》的一半了。

【樂府中的歌謠】

陸侃如先生《樂府古辭考》引《漢書．禮樂志》云：「（武帝）乃立『樂府』，采詩夜誦，（范文瀾謂《說文．夕部》『夜從夕，夕者，相繹也』，夜繹音同義通。）有趙、代、秦、楚之謳。以李延年為協律都尉，多舉司馬相如等造為詩賦，略論律呂，以合八音之調，作十九章之歌。」可見「樂府」本是一種官署名，所謂「俗樂的機關，民歌的保存所」（參看上章）；後人即以他們所蒐集的詩歌為樂府，卻是引申義了。我們從班固的記載，知道當時所蒐集的《樂府》，可分兩種：一種是民間的歌謠，一種是文人的作品。但這兩種都未必能協樂器之律，故使李延年為協律都尉，把它們增刪一下，或修改一下，使他們都能入樂。《文心雕龍・樂府》篇云：「陳思稱李延年閒於增損古辭，多者則宜減之，明貴約也。」意卻重在減損一面。曹植是懂得樂府音節的人，他的話應該可信。現在所存的樂府——尤其是《相和歌》中的《大曲》——除魏晉樂所奏外，尚有「本辭」存在。我們若把「本辭」同魏晉樂所奏的本子校對一下，便可發現許多修改或增刪之處，——大體說，增加處多——便是為此。

但「樂府」之名並不限於這種刪改過的歌辭。亦有通曉音律的人，能夠自鑄樂辭。李延年自己也曾造過二十八解新聲《橫吹》。總之，凡可被之筦弦者，均可名樂府，故宋元人的詞曲集亦有備用「樂府」之名的（以上參用陸書原文）。

《漢書・藝文志・詩賦略》卒云：「自孝武立樂府而采歌謠，於是有代趙之謳，秦楚之風，皆感於哀樂，緣事而發，亦可以觀風俗，知薄厚云。」

《詩賦略》中所著錄的有以下諸書：

《吳楚汝南歌詩》十五篇。《燕代謳》、《雁門雲中》、《隴西歌詩》九篇。《邯鄲河間歌詩》四篇。《齊鄭歌詩》四篇。《淮南歌詩》四篇。《左馮翊秦歌詩》三篇。《京兆尹秦歌詩》五篇。《河東蒲坂歌詩》一篇。《雒陽歌詩》四篇。《河南周歌詩》七篇。《河南周歌詩聲曲折》七篇。《周謠歌詩》七十五篇。《周謠歌詩聲曲折》七十五篇。《周歌詩》二篇。《南郡歌詩》五篇。

這些是各地方的歌詩，即是直接《詩經》中《國風》一部分的。這些歌詩絕不是徒歌，一因其中有「曲折」（即樂譜），二因它們都在樂府。《禮樂志》又有主各種音樂的樂員，其關於各地音樂者如下：

邯鄲鼓員二人。江南鼓員二人。淮南鼓員四人。巴俞鼓員三十六人。臨淮鼓員三十五人。茲邡（王先謙謂即什邡）鼓員三人。鄭四會員六十二人。沛吹鼓員十二人。陳吹鼓員十三人。東海鼓員十六人。楚鼓員六人。秦倡員二十九人。楚四會員十七人。巴四會員十二人。銚（沈欽韓疑與趙通）四會員十二人。齊四會員十九人。蔡謳員三人。齊謳員六人。

那時奏樂的樣子，從《楚辭》中可以看得更明白。《招魂》說：「肴羞未通，女樂羅些。陳鐘按鼓，進新歌些。《涉江》、《采菱》，發《陽阿》些。……二八齊容，趙鄭舞些。……竽瑟狂會，慎鳴鼓些。宮庭震驚，發激楚些。吳歈蔡謳，奏大呂些。」又《大昭》說：「代秦鄭衛，鳴竽張只。伏羲《駕辯》，楚《勞商只》。謳和《陽阿》，趙簫昌只。」在這些材料中，可見當時樂調最盛的地方，在北是代秦、趙齊，在南是鄭蔡吳楚（《藝文志》中所載詩邯鄲是趙，淮南是吳）；因為那些地方的樂調最盛，所以著錄的歌詩也最多。（以上參用顧頡剛先生《論詩經所

錄全為樂歌》一文中語）

漢代雅樂衰微。朱希祖先生研究「漢三大樂歌」（《安世房中歌》十六章，《郊祀歌》十九章，《鐃歌》十八章），說它們皆非中國舊有之雅樂，乃從別國新入之聲調。又說此三大樂歌差不多可代表漢樂府全體的聲調。所謂新入之聲調，又可分為兩種，一為楚聲，一為北狄西域之聲，當時名為新聲。雅樂產生於舊時的中國，即今之黃河流域。詩三百餘篇，皆是當時所謂雅樂。其中只有二《南》是「南音」，照陸侃如先生的話推論，便是早年的楚聲了。但代表楚聲的是屈原、宋玉等的辭賦，與李斯刻石文章。漢初年的歌詩，大概都屬於楚聲。所以史孝山《出師頌》（見《文選》）有云，「朔風變楚」，便是說北方風氣，一變而為南了。換言之，即雅樂變為楚聲了。至於新聲，雖為李延年所造，然出於西域《摩訶兜勒曲》，即為北狄之馬上曲。則此種聲調，即發生於當時匈奴西域可知。

雅樂與楚聲、新聲句調整散長短不同。中國古代文章，有一公例，即愈至南方，其句調愈整齊簡短；若至中原，即上文所謂中國，其句調即漸長短參差，與南方不相同。然其樂章句調，亦無有長至十數字以上者。北狄與西域新聲，卻有這種；其句調參差不齊，比中原更甚。

三大樂歌的聲調，似不能代表五言樂府詩。但觀《樂府詩集．相和歌辭》中之《楚調曲》，如《白頭吟》、《梁甫吟》、《怨詩行》等，皆全體為五言樂府詩，既屬於楚調，則楚聲亦可代表；且更可證明楚聲整齊簡短之一例（以上採錄朱希祖先生《漢三大樂歌聲調辯》中語，見《清華學報》四卷二期）。又漢樂府《相和歌》中有《平調》、《清調》、《瑟調》，多五言，謂之「三調」。《新唐書．樂志》云：「《平調》、《清調》、《瑟調》皆周房中曲之遺聲，漢世謂之三調。又有《楚調》、《側調》。《楚調》者，漢房中樂也。……側調生於楚調，與前三者總謂之相和調。」照這樣說，這三調可說是漢世僅存的雅樂了。但梁啟超先生在《中國美文及其歷史》稿中說這三調實是《清商曲》，從楚調出。（原書不在手邊，不能詳引其說）那麼，朱先生的話便又得一助了。

郭茂倩《樂府詩集》分十二類：

一、郊廟歌辭；二、燕射歌辭；三、鼓吹曲辭；四、橫吹曲辭；五、相和歌辭；六、清商曲辭；七、舞曲歌辭；八、琴曲歌辭；九、雜曲歌辭；十、近代曲辭；十一、雜歌謠辭；十二、新樂府辭。

這可以說是以音樂為主來分的。陸侃如先生以為「琴曲」不可信，「近代曲」亦即雜曲，「雜歌謠」及「新樂府」不能入樂，不是真樂府；他以為樂府只應分為下列八種：

一、郊廟歌；二、燕射歌；三、舞曲；四、鼓吹曲；五、橫吹曲；六、相和歌；七、清商曲；八、雜曲。因舞曲的性質與一、二兩種相近些，故陸先生將它移前了（見《樂府古辭考》）。這八種中，前三種裡沒有歌謠，四、六、七三種裡都有，而六中最多；五的漢曲已失傳，以「梁鼓曲橫吹曲」例之，其中或有歌謠，也未可知。七舊說漢代沒有，但梁啟超先生說相和三調實為清商三調，那麼，舊說就靠不住了。陸侃如先生也引古詩「清商隨風發」，又「欲展清商曲」，以見清商之名起於漢代。但他說漢代的清商與晉宋的是否相同，卻不可知；或者當時相和與清商是二而一的，到了晉宋，復於漢曲外，加了新聲（《樂府古辭考》）。但無論漢代清商是否獨立，裡面有許多歌謠卻是確鑿的事實。又這八種中，鼓吹曲的音樂是從北狄輸入的，橫吹曲的《摩訶兜勒曲》是張騫通西域後傳到西京的，所謂新聲的便是。《禮樂志》中說有趙代秦楚之謳，趙代與匈奴相近，秦與西域相近，所以這種新聲便輸進了。（徐嘉瑞先生說，見《中古文學概論》）——黃節先生作《漢魏樂府風箋》，只錄相和歌和雜曲，他以為只有這兩類是風詩，也可供參考。

《宋書．樂志》說：「《鼓吹》蓋《短簫鐃歌》，蔡邕曰：『軍樂也。……』……《長簫短簫》，《伎錄》並云，『絲竹合作，執節者歌』。……列於殿庭者為《鼓吹》，今之《從行》者為《騎吹》，二曲異也。」漢曲辭存者只有鐃歌十八首（原有二十二首，四首亡），「皆聲辭豔相雜，不復可分。」（《宋書》語）這二十二首雖為朝廷所採用，其實多是民間文學的味兒。徐嘉瑞先生考察它們的文義，認為是北人所作。就可解及可考者而言，它們的內容不外記祥瑞、記田獵、記功、言情、苦戰、思婦、燕飲、頌美諸種。

《樂志》又說：「漢舊曲也。絲竹更相和，執節者歌。」徐嘉瑞先生說：「相和類的內容，很是豐富。所採取的材料，方面也很寬廣。從宮廷、帝王、后妃起，一直到兵士、走卒、曠夫、怨女，凡社會所有的事，大概都有。」（《中古文學概論》五二頁）中國敘事詩甚少，相和歌中卻不算少。徐先生分相和歌為七類：

一、社會類，如《箜篌引秋胡行》、《孤兒行》、《隴西行》。

二、征戰類，如《飲馬長城窟行》。

三、寫情詩類，如《陌上桑》、《相逢行》、《豔歌行》。

四、神祕類，甲、理想的，如《王子喬》、《長歌行》、《董逃行》；乙、恐怖的，如《薤露歌》。

五、頹廢類，如《西門行》、《野田黃雀行》、《滿歌行》。

六、歷史類，「宮廷」如《王明君》。

七、社會道德類，這是道德韻文，出於俚諺。如《猛虎行》、《君子行》。

這裡所論的相和歌，是當作與清商曲二為一的。

《樂府詩集》六十一云：「雜曲者，歷代有之。或心志之所存，或情思之所感；或宴遊歡樂之所發，或憂愁憤怨之所興；或敘離別悲傷之懷，或言征戰行役之苦；或緣於佛老，或出自夷虜，兼收並載，故總謂之雜曲。」

《雜曲》之所以為雜曲，是音樂的關係；其內容和《相和歌》大同。現存漢曲甚少。《焦仲卿妻》最著，是古代僅有的長敘事歌。

所謂漢曲，除「漢鐃歌」明題為漢外，其餘都指《樂府詩集》中所謂「古辭」而言。「古辭」之名，始見於沈約《宋書》，他說：「凡樂章古辭今之存者，並漢世街陌歌謠，《江南可採蓮》、《烏生十五子》、《白頭吟》之屬是也。」但此時似乎只指相和歌。到後來郭茂倩編《樂府詩集》，便把這範圍擴大起來，不以相和歌為限。不過，他對於這名詞的應用很是隨便。你說他限於漢代的罷，後來的《西洲曲》、《長干曲》等，卻也叫做古辭。你說他限於無名氏罷，班固的《靈芝歌》，卻也叫做古辭。就大體看來，他大概限於漢代無名氏的作品，《西洲曲》及《靈芝歌》等可算做偶然的例外（采《樂府古辭考》中語）。梁啟超先生的《中國美文及其歷史》稿中說這些古辭大都是東漢的產品，因為漢哀帝廢了樂府官（詳下），樂府所存多應散失；東漢時文人多喜此種詩，起而摹擬之，因而保存的便多了。但班書《藝文志》著錄的樂歌甚多，他是東漢初的人，可見那時這些東西還在。——可是也可說《藝文志》原據劉歆的《七略》，劉歆時這些東西還在，班固時卻就難說。

《樂府詩集》二十六云：「諸調曲皆有辭有聲，而《大曲》又有『豔』有『趨』有『亂』。辭者，其歌詩也；聲者，若『羊吾夷』、『伊那何』之類是也；豔在曲之前，趨與亂在曲之後。亦猶《吳聲西曲》前有『和』後有『送』也。」這是漢樂歌的組織可考見者。同書四十三云：「《宋書·樂志》曰，『《大曲》十五曲……』，其《羅敷》（即《樂府相和曲》之《陌上桑》古辭），《何嘗》（即《瑟調曲》之《豔歌何嘗行》辭），《夏門》（即《瑟調曲》之《步出夏門行》魏明帝辭）三曲，前有豔，後有趨；《碣石》（即《步出夏門行》魏武帝辭）一篇有豔；《白鵠》（即《豔歌何嘗行》古辭），《為樂》（即《滿歌行》），《王者布大化》（即《瑟調曲》之《棹歌行》魏明帝辭）三曲有趨；《白頭吟》（《樂府》在《楚調曲》，古辭）有亂。……按王僧虔《伎錄》，《棹歌行》在《瑟調》，《白頭吟》在《楚調》，而沈約云同調，未知孰是。」

這些歌《宋書》都列入《大曲》，《樂府》卻分列入《相和曲》及《瑟調曲》，真是「未知孰是」，暫不論。可注意的是：（一）豔與趨在音樂上似乎是獨立的，所以可以要可以不要。如《夏門》、《碣石》本是一調，一個有豔與趨，一個就只有豔。又如《為樂》，《王者布大化》只有趨而無豔（《白鵠》實有豔，見《宋書》該曲下小注，見下引），也是一例。（二）豔趨之間是本曲；有時很短，如《夏門》的本曲只有兩句八個音。最可異的是《白鵠》，其辭云：

飛來雙白鵠，乃從西北來。十十五五，羅列成行。（一解）

妻卒被病，行不能相隨；五里一反顧，六里一徘徊。（二解）

吾欲銜汝去，口噤不能開；吾欲負汝去，毛羽何摧積！（三解）

念與君離別，氣結不能言；各各重自愛，道遠歸還難，妾當守空房，閉門下重關。若生當相見，亡者會黃泉。今日樂相樂，延年萬歲期！」（「念與」下為趨曲，前為豔）

「念與」上全是豔，別無本曲；因此本是豔歌，當然無本曲可言。這種或是通用的豔與趨，亦未可知。樂府三十九引《古今樂錄》云：「豔歌行非一，有直云豔歌，即豔歌行是也。若《羅敷》、《何嘗》、《雙鴻》、《福鐘》等行，亦皆豔歌。」《雙鴻》、《福鐘》已亡。大概這種通用的豔歌是不很少的。（三）豔可有解數而趨沒有。解就是《詩經》中的章。《古今樂錄》曰：「伧歌以一句為一解，中國以一章為一解」——解在樂歌中是很要緊的。至於「亂」，則古已有之。《魯語》（正考父校商之名頌十二篇於周太師，以那為首，其輯之亂曰：「自古在昔，先民有作，溫恭朝夕，執事有恪。」）韋昭注曰：「凡作篇章，既成，撮其大要，以為亂辭。詩者歌也，所以節舞；曲終乃變章亂節，故謂之亂。」《論語類考》引許謙曰：「亂有二義：篇章既成，撮其大要為亂，是以辭言也。曲終變章亂節，是以音言也。」（見《四書．經注集證》）既云歌以節舞，自然該是以音為主。《論語．泰伯》篇也說到「《關雎》之亂」。《楚辭》中大部分也是有亂的，但那是個人之作，大約可以說是以辭為主的。至於相和歌辭的亂，今舉《孤兒行》為例：

裡中一何！願欲寄尺書，將與地下父母，兄嫂難與久居！

豔、趨、亂雖有意義，其作用似乎只是樂調的關係。就其位置而言，它們都是和聲。《樂府》已明言之了。

《樂府》或行於西漢，哀帝時曾加取締，但沒有用。《禮樂志》云：「河間獻王有雅材，……因獻所集雅樂。天子下大樂官常存肄之，歲時以備數，然不常御。常御及郊廟皆非雅聲。……至成帝時，……鄭聲尤甚。黃門名倡丙強、景武之屬，富顯於世。貴戚、『五侯』，定陵、富平外戚之家淫侈過度，至與人主爭女樂。哀帝……即位，下詔曰：『唯世俗奢泰文巧而鄭衛之音興。……鄭衛之音興則淫僻之化流。……孔子不云乎：「放鄭聲，鄭聲淫」，其罷樂府官。郊祭樂，及古兵法武樂在經非鄭衛之樂者，條奏，別屬他官。』」當時丞相孔光大司空何武奏覆，把「樂府」中八百二十九人之中，裁去了四百四十一人。《漢書》記此事，接著說：「然百姓漸漬日久，又不制雅樂有以相變，豪富吏民湛沔自若。」這可見當時俗樂民歌勢力之大了。

【南北朝樂歌中的歌謠】

《樂府詩集》中《梁橫吹曲》，《清商曲》及《雜曲》中，都有南北朝的歌謠，它們都是樂歌。《清商曲》中，歌謠最多。《樂府詩集》四十四云：「《清商樂》一日《清樂》。《清樂》者，九代之遺聲，其始即相和三調是也，並漢魏以來舊曲，其辭皆古調及魏三祖所作。自晉朝播遷，其音分散。苻堅滅涼，得之，傳於前後二秦。及宋武定關中，因而入南，不復存於內地。自是以後，南朝文物號為最盛，民謠國俗，亦世有新聲。……後魏孝文討淮漢，宣武定壽春，收其聲伎，得江左所傳中原舊曲——《明君》、《聖主》、《公莫》、《白鳩》之屬——及江南《吳歌》、荊楚《西聲》，總謂之《清商樂》。至於殿庭饗宴，則兼奏之。……大業中，煬帝乃定《清樂》、《西涼》等為九部。而《清樂》歌曲有《楊伴》，舞曲有《明君》，並契，樂器有鐘、磬、琴、瑟、擊琴、琵琶、箜篌、築箏、節鼓、笙、笛、簫、篪、塤等十五種，為一部。……」

陸侃如先生說「清商」之名，起於漢代（證見前），但是否與晉宋的《清商》相同，則不可知。或者在漢代《相和》與《清商》是二而一的；到晉宋，復於漢曲外，加了新聲（看《樂府古辭考》一三二頁）。照這裡所說，《清商曲》共分舞曲、吳歌、西曲三種。但郭氏編錄時，將舞曲除去了，重分為吳聲歌、神絃歌、西曲歌三種，又附以梁《雅歌》。末一種與歌謠無關，其餘三種裡歌謠甚多，而《吳聲歌》中尤多，——《舞曲》中也有南北朝歌謠，但極少。

一　吳聲歌曲

《樂府詩集》四十四云：「《晉書・樂志》曰：『《吳歌》雜曲，並出江南。東晉以來，稍有增廣。其始皆徒歌、既而被之絃管。』蓋自永嘉渡江之後，下及梁陳，咸都建業，《吳聲歌曲》，起於此也。《古今樂錄》曰，『《吳聲歌》舊器，有篪、箜篌、琵琶、今有笙箏。……』」據此，《吳聲歌曲》的產生地，就是建業——現在的南京。建業是三國時孫吳的國都，大約從兩漢以來，《禹貢》所說的揚州，漸漸地成為富庶之區。那時大江南北重要的都市，只有廣陵（揚州）與吳（蘇州）。枚乘的《七發》說：「將以八月之望，觀濤乎廣陵之曲江」；西漢的揚州已成為中外互市之所，枚乘將觀濤於此，可以想見其繁盛。《史記・貨殖傳》說：「彭城以東，東海、吳、廣陵，此東楚也，其俗類徐僮；朐繒以北，俗則齊；浙江南則越。夫吳自闔閭、春申、王濞三人，招致天下之喜遊子弟，東有海鹽之饒，章山之銅，三江五湖之利，亦江東一都會也。」我們曉得蘇州人文之盛，是有很長的歷史。而且《貨殖傳》說：「吳、廣陵，……其俗類徐僮。」徐僮就是西漢的淮南。西漢的文學，以淮南為最盛，那末西漢時，吳、廣陵的環境，已有產生優美的文學之可能了。到了吳大帝建都於建業以後，大江南北的重心，又由吳、廣陵移到建業。在那時大約已經有一種吳歌的文學了。

《世說新語》云：「晉武帝問孫皓，『聞南人好作爾汝歌，頗能為不？』皓正飲酒，因舉觴勸帝，歌云：『昔與汝為鄰，今與汝為臣。上汝一杯酒，令汝壽萬春。』帝悔之。」此歌格調與《吳聲歌曲》無別。同時吳人入洛，吳歌也就隨之流入中原。《懊儂歌》有一首說：「絲布澀難縫，令儂十指穿；黃牛細犢車，遊戲出孟津。」這全是《吳聲歌曲》的格調。(「絲布澀難縫」諧「思夫實難逢」，所謂諧音詞格，是《吳歌》的特色。)《樂府詩集》將這首歌列於《吳聲歌曲》，是不錯的。但是歌中所說遊戲的地方是在中原的孟津。《古今樂錄》說：「《懊儂歌》者，晉石崇綠珠所作，唯『絲布澀難縫』一曲而已。」石崇是西晉人，綠珠是石崇的妾，他們是住在洛陽最著名的金谷園，這首歌是石崇綠珠所作，大約不錯。我們由此可以看出東晉以前吳歌的一斑了(此說本於近人劉大白的《國中文學史》)。後來晉室東遷，中原在北方低等文化的民族支配之下，從前的世家舊族，也都跟著跑到南方來了。建業本來離開南方文化策源地的吳廣陵不遠，現在又加入中原舊有的文化。這兩種文化結合以後，於是乎就產生了這一種盛極一時的《吳聲歌曲》。而那時南北兩朝已漸由紛爭時代而入於割據的小康時代。揚州及長江一帶商業的繁盛，與江南生產的豐富，又為促進《吳聲歌曲》發達的另一原因。《吳聲歌曲》留傳到現在的，有四百多首。後來無論那個朝代的方俗歌謠，——除去現代的——都沒有這樣豐富(以上採錄徐中舒先生《六朝戀歌》文中語)。

《吳聲歌》差不多全是寫愛情的戀歌。寫男女間哀苦怨曠之情，淋漓盡致都是真實的愛情的表現。大抵相思離別之詞為多。《子夜歌》最著名，也最多。《大子夜歌》云：

> 歌謠數百種，《子夜》最可憐；慷慨吐清音，明轉出天然。
>
> 絲竹發歌響，假器揚清音；不知歌謠妙，聲勢出口心。

《白話文學史》說：「這不但是《子夜歌》的總評，也可算是南方新民族兒女文學的總引子。」「南方民族的文學的特別色彩是戀愛，是纏綿宛轉的戀愛。」（均見一〇九頁）但「纏綿宛轉」尚不足以盡之。我們應加上「哀怨」兩字，方能說盡這種歌謠聲情和的解。《樂府詩集》四十四說（與前節所引文相接，可參看）：「（《清商樂》）遭梁陳亡亂，存者蓋寡。及隋平陳，得之。文帝善其節奏，曰，『此華夏正聲也。』乃微更損益，去其哀怨，考而補之，以新定律呂，更造樂器。」「去其哀怨」正是說這種歌謠太哀怨了。又《古今樂錄》曰，「《上聲歌》者，此因上聲促柱得名。……謂哀思之音，不及中和。」「《歡聞變歌》者，晉穆帝……崩，褚太后哭『阿子汝聞不。』聲既淒苦，因以名之。」《宋書·樂志》曰，「《督護歌》者，彭城內史徐逵之為魯軌所殺，宋高祖使府內直督護丁旿收殮殯埋之。逵之妻，高祖長女也，呼旿至閣下，自問殮送之事。每問輒嘆息曰：『丁督護！』其聲哀切。後人因其聲，廣其曲焉。」《唐書·樂志》也說《子夜歌》「聲過哀苦」（第二章已引）。這些均可為證。《子夜歌》中有《子夜四時歌》七十五首，疑即近世《四季相思》調所從出。又據《樂府詩集》所載，這些歌大抵盛於梁以前，梁以後似乎漸衰了。

《吳歌》有所謂「送聲」。《樂府詩集》四十五《子夜變歌》下引《古今樂錄》曰：「《子夜變歌》，前作『持子』送，後作『歡娛我』送。《子夜警歌》無送聲，仍作變，故呼為『變頭』，謂『六變』之首也。」送聲是或有或無的，性質或與豔、趨彷彿，疑也是和聲之一種——變是指曲調之變而言。

《吳聲歌曲》的特色是徐中舒先生所謂「諧音詞格」。諧音詞格是隱語的一種。（以下採錄徐先生語）我國文字屬於單音系，一個字只有一個音，所以同音的文字非常的多。因為音同義異的緣故，平常談話中間，就往往引起人家的誤會。此種困難，實是中國文字的缺點。但是在修辭學中，有時也能利用這種同音異義的文字，構成雙關的諧音詞格。諧音詞格的妙處，就是言在此而意在彼。這一類的修辭，在詩人的作品裡很不多見，而民間的口語裡，或方俗文學裡，則非常的多。至於《吳聲歌》裡，尤為豐富。最常用的是「芙蓉蓮藕」和「蠶絲布匹」兩類：以芙蓉為夫容，蓮為憐，藕為偶，絲為思，布為夫（古無輕唇音，夫在邦母，故與布同聲），匹為匹配。如《子夜歌》云：

高山種芙蓉，復經黃蘗塢；果得一蓮時，流離嬰辛苦。

黃蘗是影射苦的。又讀《曲歌》云：

思歡久，不愛獨枝蓮，只惜同心藕。

這是第一類的例。《子夜歌》云：

始欲識郎時，兩心望如一；理絲入殘機，何悟不成匹！

《七月夜女歌》云：

婉孌不終夕，一別週年期；桑蠶不作繭，晝夜長懸絲。

至以布為夫，則僅見於石崇綠珠的「絲布澀難縫」一曲中。曲曰：

絲布澀難縫，令儂十指穿。黃牛細犢車，遊戲出孟津。（《懊儂歌》之一）

這是中原歌詩受了諧音詞格的影響。又《洛陽伽藍記》云：「洛陽城南正覺寺，尚書令王肅所立也，肅在江南娶謝氏女。及至京師，復尚公主。其後謝氏為尼來奔，作詩贈肅云：

本為箔上蠶，今作機上絲。得路逐勝去，頗意纏綿時。

公主林代肅贈謝云：

針是貫綿物，目中恆任絲。得帛縫新去，何能納故時！

肅聞甚恨，遂造正覺寺以憩之。」這明是江南諧音詞格流入北方之證。北方之有諧音詞格，可以說全由江南流入。除上述之外，別無所見。

除上述兩種外，還有以藩籬為分離，以荻為敵，以黃蘗為苦。又以方局影射博字，再以博諧薄音，以棋諧期音，博子就指薄情的人——簾薄厚薄的薄，也同此例。這些《西曲》裡也都有。至於以題碑為啼悲，以油為由，以箭為見，以梧子為吾子，以髻為計，以星為心，以琴為情，以藥為約，以關閉之關為關連之關，皆是《吳歌》裡獨有的。《吳歌》中諧音詞格之豐富，於此可見。

諧聲詞格所用以諧聲之字，大抵眼前事物之名，而物名尤多，因為較具體。諸歌既以戀情為主，又多用女子口吻，其所取材自應以有關女子者為眾。「芙蓉蓮藕」及「蠶絲布匹」兩類所以盛行，便是為此。紡織為女子本業，後者之盛，理固易明。前者卻須稍稍解釋。原來採蓮之俗，自古即有（《漢樂府》江南似即詠此事），南朝為盛。採蓮的是女子，以采得多為好，往往日暮方歸。採蓮的人很多，看熱鬧的男女也很多。採蓮的工夫既長，所以可以在船中飲宴為樂。少年男女借此機會，也可通情款。梁簡文帝《採蓮賦》云：「荷稠刺密，亟牽衣而綰裳；人喧水濺，惜虧朱而壞妝。」梁元帝《採蓮賦》云：「於時妖童媛女，盪舟心許。鷁首徐回，兼傳羽杯。」梁朱起《採蓮曲》云：「湖裡人無限，何日滿船時（指蓮）？」吳均《採蓮曲》云：「日暮凫舟滿，歸來渡錦城。」隋殷英童《採蓮曲》云：「盪舟無數伴、解纜自相催。」這些都是證據。可見採蓮是一個熱鬧的風俗，而不是少數人的偶然高興。這就容易了解「芙蓉蓮藕」一類諧聲詞格之所以盛行了。

《神絃歌》十一曲，十七首，樂府也列入《吳聲歌》。陸侃如先生說這些是南朝民間的祭歌，與《吳聲歌》及《西曲》不類，他將它們移附在《郊廟歌》之後（《樂府古辭考》二六頁）。這種倫理的多類問題，我們暫可不論；以聲調及內容（不論用處）而論，這些自然以附於《吳聲歌》為宜。這十曲都是描寫神的生活。（以下採錄《中古文學概論》中語）我們從中可以看見吳越人民理想反映，共有兩種：

(一) 現實的　他們理想中的神，都沒有恐怖和禁慾的色彩。大都是綠鬢紅顏，及時行樂、和人間的男女一樣。如《同生曲》之一云：

人生不滿百，常抱千歲憂。早知人命促，秉燭夜行遊。

這是將古詩減縮改變而成。

(二) 女性的　南方人民的神的理想，可分為男女兩性。但是男性的神，多半是「女性化」，也就是人生的「醇美化」。如《白石郎曲》之二云：

積石如玉，列松如翠。郎豔獨絕，世無其二。

(三) 中國文學上的神祕思想，多產在南方。中古文學裡又有吳越文學裡的《神絃歌》。可見南方人的神祕思想，較北方人強，而神的理想，比北方人高。（原有四項，第三項從略）

二 《西曲歌》

《樂府詩集》四十七云：「《西曲歌》出於荊郢樊鄧之間，而其聲節造和，與《吳歌》亦異，故其方俗（而）謂之西曲云。」徐中舒先生說，《西曲歌》中有「問君可憐六萌車，迎取窈窕西娘曲」，與「楊叛西隨曲」的話，可證西曲是方俗名稱。（見《六朝戀歌》）《古今樂錄》云：「《西曲歌》有……三十四曲，《石城樂》（等十六曲）並舞曲。《青陽度》（等十五曲）並倚歌。《孟珠翳樂》（中）亦（有）倚歌。」又云：「凡倚歌，悉用鈴鼓，無弦，有吹。」舞曲、倚歌之外，尚有數曲，不能歸類（如月節折楊柳類）。舞曲應如陸侃如先生之說，移如舞曲中。但為敘述之便利，仍先在此並論。（以下採錄徐中舒先生語）我們曉得方俗文學的產生，必有一種生活安定、物質優裕的社會，為它必要的條件。《西曲》當然也不能在此例外。《舊唐書．樂志》說：「宋梁世荊雍（《通典》曰，『雍州，襄陽也』）為南方重鎮，皆皇子為之牧。江左解詠，莫不稱之，以為樂土。故隋王誕作《襄陽之歌》，齊武帝追憶樊鄧，梁簡文《樂府歌》云：『分手桃林岸，送別峴山頭；若欲寄音信，漢水向東流。』又曰：「宜城投（原注音豆）酒今行熟，停鞍繫馬暫棲宿。』桃林在漢水上，宜城在荊州北。」我們要推求出六朝時荊郢樊鄧所以成為樂土的緣故，我們就可以說明《西曲》的特點。簡單的講，荊郢樊鄧所以成為樂土者，最大的原因，是由於商業繁盛的結果。因為商業繁盛的結果，於是《西曲》差不多就完全成為商業化。我們看《西曲歌》的《石城樂》、《烏夜啼》、《莫愁樂》、《估客樂》、《襄陽樂》、《三洲歌》、《那呵灘》、《潯陽樂》，差不多都是描寫商人的戀愛。都是由商人的生活中，寫出他們的戀情。《古今樂錄》記齊武帝創《估客樂》的動機說：「帝布衣時，嘗游樊鄧。登祚以後，追憶往事而作歌。」我們從這個簡短的記事中，就可以曉得樊鄧往事，足以使人追憶者，也不過是估客之樂而已。江漢之間，舟行通暢，這些估客，也就隨波逐利，輕易離別。於是所到的地方，揚州、江陵、巴陵、潯陽、襄陽、石城……都成就了他們的歌詠。

揚州在唐以前的地位，與現在的上海相等。《唐書．李襲譽傳》說：「揚州江吳大都會，俗喜商賈。」《資治通鑒》唐昭宗景福元年條下說：「揚州富庶甲天下，時人稱揚一益二。」怎麼叫做「揚一益二」？宋洪邁《容齋初筆》解釋說：「唐世鹽鐵轉運使在揚州，盡幹利權，判官多至數十人，商賈如織，故諺稱『揚一益二』；謂天下之盛，揚為一而蜀次之也。」大概揚州的形勢，在唐以前，南臨江而東近海，與現在大有不同。李頎的詩還說：「揚州郭裡見潮生。」又李紳《入揚州郭詩序》說：「潮水舊通揚州郭內，大曆以後，潮信不通。」這可證中唐以後，岸移海遠，為後此揚州衰落原因之一。唐以前的揚州，因為距江岸海岸甚近，海舶出入極便，所以「蕃客麇集，教徒沓來，波斯胡賈往往而有。」（梁任公先生語）那時的對外貿易，除廣州外，揚州要算是最殷盛了。因為對外貿易的殷盛，就引起了對內貿易的激增。於是金陵以西——江陵、巴陵、潯陽、襄陽、石城這些地方——的賈客，都競趨於揚州之下。張籍的詩說：「金陵向西賈客多，船中生長樂風波。」我們根據了前面所列的詩，可以證明唐以前商業的情形確是如此。

《西曲》雖然經過了商業化，而《西曲》中描寫男女間的戀情，並不因此減色。而且因為兩首歌曲在《西曲》與《吳聲歌曲》裡面都可見到（《吳歌》的《黃鵠曲》即《西曲》的《襄陽樂》；《吳歌》的《懊儂歌》即《西曲》的《烏夜啼》）。又《吳歌》裡有一首《江陵女歌》，唐李康成說，「《黃竹子歌》、《江陵女歌》，皆今時吳歌也。」也足以看出《西曲》與《吳歌》的關係。《西曲》中很好的戀歌，可以說大部分是受了《吳歌》的影響。《西曲》與《吳歌》本來都同屬華音。施肩吾的《古曲》說：「可憐江北女，慣歌江南曲，搖落木蘭舟，雙梟不成浴。」雙梟是引用《吳聲歌曲·阿子歌》，所以我們曉得施肩吾詩中江南曲，是指《吳聲歌曲》的。又梁武帝《江南弄》和辭說：「江南音，一唱值千金。」《楊叛兒曲》說：「南音多有會，偏重叛兒曲。」據《古今樂錄》說：「梁武改《西曲》，制《江南上云樂》十四曲，《江南弄》七曲。」《楊叛兒》也是《西曲》之一，所以我們又曉得梁武帝詩中的「江南音」、「南音」，是指《西曲》的。江南曲、江南音、南音，這三個名字，雖然不同，而都是與《北歌》對立的名稱，也可以當作《西曲》與《吳歌》的通稱。所以有時可以指《吳歌》，有時也可以指《西曲》。我們若從民族、地理、交通，以及歌曲的內容等等方面來觀察，也覺得《西曲》、《吳歌》沒有什麼分別。但兩者究非全然相同。《西曲》完全帶了濃厚的商業化的色彩。縱有一部分歌曲，受了《吳歌》的影響，寫來也很纏綿悱惻，但是他們描寫的戀情，總難脫去商人的心理。《西曲》歌中常存娼女的歌詞，便是這個關係了。《吳歌》中絕對的沒有這種心理。

《西曲》中以宋齊之作為多，梁作較少。其中月節折楊柳歌，分十二月述情，並加一閏月，疑為近世十二月《唱春》一類小調所從出。《西曲》中的舞曲有和聲或曰「歌和」。如「《石城樂和》中（復）有『忘愁』聲」，「《襄陽樂歌》和中有『襄陽夜來樂』之語」；《三洲歌》歌和云：「三洲斷江口，水從窈窕河，傍流歡將樂，共來長相思。」《襄陽蹋銅蹄》和云：「襄陽白銅蹄」，都是。倚歌無明文。其他為《楊叛兒》送聲云：「叛兒，教儂不復相思！」《西烏夜飛歌》和云：「白日落西山，還去來！」還聲云：「折翅鳥，飛何處，被彈歸？」（均見《樂府四十八，四十九）後來梁武帝改《西曲》，制《江南上云樂》十四曲，除二曲外皆有和聲，大概是依仿舞曲的。（《樂府五十》）

《西曲》中獨有的諧音詞格是以風流波水為風流的諧音。這正是商人生活的本地風光，如：

送歡板橋灣，相待三山頭；遙見千幅帆，知是逐風流。（《三洲歌》）

送郎乘艇子，不作遭風慮；橫篙擲去槳，願倒逐流去。（《楊叛兒》）

適聞梅作花，花落已成子。杜鵑繞林啼，思從心下起。（《孟珠》之一）

徐嘉瑞先生說梅是媒字的諧音，若是的，這也是《西曲》所獨有的。

三《**北歌**》　南北朝時，中原淪入異族，而鮮卑人統治的局面，維持得最久。在文化方面，鮮卑人雖為漢人所征服，而漢人的文化中，也不免要羼入鮮卑人的氣息。《北歌》就在這種條件之下產生。《舊唐書．音樂志》說：「魏樂府始有《北歌》，即《魏史》所謂《真人代歌》是也。代歌時命掖庭宮女，晨夕歌之。周隋世與西涼樂雜奏。今存者五十三章，其名且可解者六章：《慕容可汗》、《吐谷渾》、《部落稽》、《鉅鹿公主》、《白淨王太子》、《企喻》也。其不可解者，咸多『可汗』之辭，此即後魏世所謂《簸邏回》者是也。其曲亦多『可汗』之辭。北虜之俗呼主為『可汗』，吐谷渾又慕容之別種，知此歌是燕魏之際鮮卑歌。歌音辭虜，竟不可曉。梁有《鉅鹿公主》歌辭，似是姚萇時歌辭華音，與《北歌》不同。梁樂府鼓吹又有《大白淨王太子》、《少白淨王太子》、《企喻》等曲，隋《鼓吹》有《白淨王太子曲》，與《北歌》校之，其音皆異。」這一段說《北歌》的由來，及《北歌》與華音（即《西曲》、《吳聲歌曲》）不同的地方，都很明白。我們看《唐書》所說的五十三章《北歌》，僅有六章可解。而這六章的名字，如慕容可汗、吐谷渾、部落稽，都是譯音，其不可解的又多「可汗」之辭（《唐書》說的《簸邏回》，當是鮮卑樂的譯名）。我們由此可以曉得這些《北歌》都是用漢字翻譯鮮卑的方音。這是初期入中原

的《北歌》，其音不可曉，其義也不可解。這一類歌無從討論。(以上《六朝戀歌》文)

《唐書》所謂《北歌》，全是虜音。梁《橫吹曲》中各歌，《唐書》以為是華音，與《北歌》異。我們則以為梁《橫吹曲》中各歌，雖與《北歌》音異，而實是北方作品，有地名人名可證明是受初期《北歌》影響而作的歌。其中大約有漢人作的，也有鮮卑人用漢語作的。現在自然不能一一指認，但《折楊柳歌辭》之一云：

遙看孟津河，楊柳郁婆娑。我是虜家兒，不解漢兒歌。

這明是鮮卑人所作。鮮卑是富有文學天才的民族，他們要的是激揚亢爽的歌；對於纏綿宛轉的南方兒女文學，自然不以為然。所以說「不解漢兒歌」。這首歌不但證明鮮卑人用漢語作歌這件事，並且暗示南北新民族文學的不同。這類受初期北歌影響的，北方新民族的歌，究與華音有異，我們仍稱為《北歌》為是。郭茂倩據《古今樂錄》，將這些歌編入梁《鼓角橫吹曲》中。《古今樂錄》是陳釋智匠所作，去梁不遠，不應有誤。也許當時《北歌》盛行於南方，故梁采為橫吹曲。

那時北方的平民文學的特別色彩是英雄，是慷慨灑落的英雄。如《琅琊王歌辭》云：

新買五尺刀，懸著中梁柱，一日三摩娑，劇於十五女。

這首歌足夠表現一個英雄，並可鮮明地看南北文學之相異。此外《木蘭歌》之寫女英雄，更是古今有一無二之作。《北歌》中除寫英雄氣概外，又多寫作客之苦，但寫得很悲壯，沒有南方愁苦的調子。如《隴頭歌解》云：

隴頭流水，流離山下。念吾一身，飄然曠野！

《北歌》寫兒女的心事，也有一種樸實爽快的神氣，不像江南兒女那樣扭扭捏捏的。如《折楊柳枝歌》云：

門前一株棗，歲歲不知老。阿婆不嫁女，那得孫兒抱。
問女何所思，問女何所憶。阿婆許嫁女，今年無消息。

這種天真爛漫的神氣，確是鮮卑民族文學的特色。此外尚有以社會及歷史為題材的，甚少，茲不論。

《北歌》中何以說沒有諧音詞格。我們看施肩吾的《古曲》說：

可憐江北女，慣歌江南曲；采落木蘭舟，雙凫不成浴。

江南曲凫夫聲同，浴欲聲同，江北女不懂這種諧音詞格，所以弄得「雙飛之夫，不成其欲」。但因《吳歌》的盛行，《北歌》也不免受點影響，所以北齊的童謠有一首說：

千金買果園，中有芙蓉樹；破家不分別，蓮子隨它去。

北方歌詞用諧音詞格者，除前引者及此首外，別無所見。

四　舞曲　舞曲分雅舞雜舞兩種。其與歌謠有關者為雜舞。《樂府》五十三云：「雜舞者，《公莫》、《巴渝》、《槃舞》、《鞞舞》、《鐸舞》、《拂舞》、《白紵》之類是也。始皆出自方俗，後浸陳於殿庭。蓋自周有《縵樂散樂》，秦漢因之增廣。宴會所奏，率非雅舞。漢魏以後，並以《鞞》、《鐸》、《巾》、《拂》四舞用之宴饗。」因為這些舞「始皆出自方俗」，所以就與歌謠有關，茲分別論之。

《唐書．樂志》曰：「《公莫舞》，晉宋謂之《巾舞》。」《古今樂錄》曰，「《巾舞》古有歌辭，訛異不可解，江左以來，有歌無辭。」就古辭中可解者測之，頗似相思之辭，疑猶存民間本來面目。

《晉書．樂志》云：「漢高祖自蜀漢將定三秦，閬中範因率賨人以從帝，為前鋒。號板楯蠻，勇而善鬥。封因為閬中侯，復賨之七姓。其俗喜歌舞。高帝樂其猛銳，數觀其舞。……後使樂人習之。閬中有渝水。因其所居，故曰《巴渝舞》。」古辭已亡，但可知其為巴渝民間之武舞。

《樂府詩集》五十六引《宋書．樂志》曰：「《槃舞》，《漢曲》也。張衡《舞賦》云，『歷七槃而縱躡』；王粲《七釋》云，『七槃陳於廣庭』；顏延之云，『遞間關於槃扇』；鮑照云，『七槃起長袖』，皆以七槃為舞也。」《搜神記》云，「晉太康中，天下為《晉世寧舞》，抑手以接杯槃而反覆之。」此則漢世唯有槃舞，而晉加之以杯反覆也。

此曲古辭亡，就《晉寧曲論》，所言為頌太平、述宴樂、記舞容等。

《宋書．樂志》曰，「《鞞舞》未詳所起，然漢代已施於燕饗矣。傅毅張衡所賦，皆其事也。」鞞亦作鼙，鞞扇是舞時所用的器，古辭已亡。就曹植擬作，除頌祝外，更羅列史事，加以讚嘆。所舉大抵孝親為國為親報仇，救親之難等。

《唐書．樂志》曰，「《鐸舞》，漢曲也。」《古今樂錄》曰，「鐸，舞者所持也。」古辭有《取王人制禮樂》一篇，聲辭雜寫，不復可辨。

《晉書．樂志》云：「《拂舞》出自江左，舊云吳舞也。晉曲五篇，一曰《白鳩》，二曰《濟濟》，三曰《獨祿》，四曰《碣石》，五曰《淮南王》。」《樂府解題》曰：「讀其辭，除《白鳩》一曲，餘並非《吳歌》，未知所起也。」《碣石》篇為魏武帝辭，其歌蓋以詠志，當是只用舊曲。餘四曲辭意頗雜，不甚聯屬，大抵敘宴樂、離別及祝頌、風刺之辭。

《宋書．樂志》云，又有《白紵舞》。按舞辭有巾袍之言。紵本吳地所出，宜是吳舞也。《樂府解題》云，「古辭盛稱舞者之美，宜及芳時為樂。其譽《白紵》曰：『質如輕雲色如銀，制以為袍餘作巾，袍以光軀巾拂塵。』歌辭述舞容、宴樂及人生無常之旨。」鄭樵《通志樂略》云：

「《白紵歌》有《白紵舞》，《白鳧歌》有《白鳧舞》，並吳人之歌舞也。吳地出紵，又江鄉水國自多鳧鷖，故興其所見以寓意焉。始則田野之作，後乃大樂氏用焉。其音出入《清商調》，故《清商》七曲有《子夜》者，即《白紵》也。在吳歌為《白紵》，在雅歌為《子夜》。梁武令沈約更制其辭焉。」又云：「右《白紵》與《子夜》，一曲也。在吳為《白紵》，在晉為《子夜》。故梁武本《白紵》而為《子夜四時歌》。後之為此歌者，曰《白紵》，則一曲；曰《子夜》，則四曲。今取《白紵》於《白紵》，取四時歌於《子夜》，其實一也。」此說與《樂府詩集》頗不同，《白紵》七言，《子夜》五言，二者聲調，或有相同的地方，但說即是一曲，尚屬可疑。又《唐書・樂志》云：「今沈約改其詞為《四時白紵歌》，亦似與《子夜四時歌》異。《西曲舞歌》已述於前。各曲舊舞者皆為十六人。梁多改為八人。」

至於諸舞曲的用法，除已分述的外，尚有二事。一是梁陳之世於《鞞舞》前作《巴渝弄》，二是《巾舞》以《白紵送》。這是二舞曲的合奏的辦法，略當樂府中的豔與趨。又《白紵》有歌和聲，是《行白紵》一語。至《西曲》歌和，已見上，不贅。

五　雜曲　吳有《東飛伯勞歌》、《西洲曲》、《長干行》三篇。《東飛伯勞歌》七言，言少女過時不嫁之情；《西洲曲》五言，為相思之辭，每章用接字法蟬聯而下。《長干行》殆與《吳歌》相似。這三篇都是言情之作。

【山歌】

此處所謂山歌，是指其狹義而言，七言四句是它的基本形式。就這種體制而論，山歌之起源，不能早於唐代。因為「唐以絕句為樂府」。「開元天寶以來，宮掖所傳，梨園子弟所歌，旗亭所唱，邊將所進，率當時名士所為絕句。」（王士禎語）而七絕尤盛行。我們現在所知道的最早的山歌是《竹枝詞》，發見的時候，已在中唐，其受七絕的影響，似乎是顯然的。但第二章中所引劉三妹傳說，說劉三妹是始造歌者，而她是唐中宗時人。那麼，山歌之起是在初唐了。但此是傳說，未可盡信；但由此可知傳說所說山歌起於唐代，與我們所知，有相合處。至山歌之名，亦似中唐才有。李益詩云，「無奈孤舟夕，山歌聞《竹枝》」；白居易《琵琶行》云，「豈無山歌與村笛，嘔啞啁哳難為聽。」這裡的「山歌」二字，大概都指的是《竹枝詞》。

一 **《竹枝詞》** 劉禹錫《竹枝詞》引云：「四方之歌，異音而同樂。歲正月（未詳何年，待檢），余來建平（今四川巫山）。裡中兒聯歌《竹枝》，吹短笛擊鼓以赴節。歌者揚袂睢舞，以曲多為賢。聆其音，中黃鐘之羽。其卒章激訐如吳聲。雖傖佇不可分，而含思宛轉，有淇澳之豔。昔屈原居沅湘間，其民迎神，詞多鄙陋。乃為作九歌，到於今荊楚鼓舞之。故余亦作《竹枝詞》九篇，俾善歌者揚之。附於末。後之聆巴歈，知變風之自焉。」由這一段引言裡，我們知道《竹枝詞》的產生地是四川。歌時有許多人，故曰「聯歌」。這像是新年的一種娛樂。歌有樂器，有舞容，與後之山歌僅為徒歌者不同。「以曲多為賢」，是指競歌，後世稱為「歌試」。聲調不甚高，其卒章如吳聲。內容則以言情為主。劉所自作，則述風物及方俗、人情，或為原歌內容的另一部分，或由劉另行取材，均不可知。劉後又有《竹枝》二首，其一云：

楊柳青青江水平，聞郎江上唱歌聲。東邊日出西邊雨，道是無晴還有晴。

以晴影情，正是諧音詞格，巴渝本與《西曲》盛行的荊郢樊鄧等處相近。疑《竹枝》頗受《西曲》或《吳歌》的影響。以內容、聲調及諧音詞格言之，皆有似處。而顧況《竹枝詞》有云：

巴人夜唱竹枝後，腸斷曉猿聲漸稀。

白居易也有《竹枝詞》四首，茲錄三首如下：

瞿塘峽口冷煙低，白帝城頭日尚西，唱到《竹枝》聲咽處，寒猿晴鳥一時啼。
《竹枝》苦怨怨何人？夜間山空歇又聞。蠻兒巴女齊聲唱，愁殺江樓病使君。
江畔誰人唱《竹枝》？前聲斷咽後聲遲。怪來調苦緣詞苦，多是通州司馬詩。（劉禹錫？）

以上都說竹枝音之哀苦，幽抑漫長，正所以助其哀苦之情。至於夜中月下，也只是加一倍寫悲苦罷了。但兩家詩裡皆以猿聲相比。《水經注．江水》篇記三峽有云：「每至晴初霜旦，林寒澗肅，常有高猿長嘯，屬引淒異，空谷傳響，哀轉久絕。故漁者歌曰：『巴東三峽巫峽長，猿鳴三聲淚沾裳。』」所謂「淒異」「哀轉」也正是曼長哀苦之意。上文曾說《吳歌》聲調的特色是哀苦，《竹枝》也是如此，其受影響，顯然可見。《竹枝》也可徒歌，前引李益詩及白居易詩可證。又劉禹錫詩云，「幾人連蹋竹歌還」，「竹歌」當即《竹枝》。至於《竹枝》稱山歌，理甚易明，因巴蜀多山，故以為名。又劉作據《全唐詩》云，「武陵谿洞間悉歌之」，那麼，也成為歌謠了。（參看白居易《竹枝詞》）

《竹枝》的唱法，可考者，是《花間集》中所載荊南孫光憲的《竹枝》二首，其一云：

門前流水（竹枝）白蘋花（女兒），
岸上無人（竹枝）小艇斜（女兒）。
商女經過（竹枝）江欲暮（女兒），
散拋殘食（竹枝）飼神鴉（女兒）。

萬樹《詞律》載此，說「所用竹枝、女兒，乃歌時群相隨和之聲。」杜文瀾云，劉禹錫「《竹枝》新詞九章，原無和聲。後皇甫松、孫光憲作此，始有竹枝、女兒為隨和之聲。枝，兒葉。」杜說未必是；或者有和聲而未記出，亦未可知。《竹枝》受《吳歌》、《西曲》影響，那兩種都有送聲或和聲；《竹枝》之有和聲，自在意中。日人鹽谷溫並加一解說，「竹枝」大概是歌者執以節歌的。（《中國文學概論講話》譯本一五一頁）此語亦可解釋《竹枝詞》得名之由，但苦無佐證。

《詞律》云，「《竹枝》之音，起於巴蜀唐人所作，皆言蜀中風景。後人因效其體，於各地為之。」這時《竹枝》已成了一種敘述風土的詩體了。《竹枝》同時，有《楊柳枝》，是白居易翻舊曲、作新詞（據王灼《碧雞漫志》），大概受了劉禹錫的影響。後人便沿作《楊枝詞》或《柳枝詞》。南宋葉適更仿《竹枝詞》作《橘枝詞》，清顧涑園作《桃枝詞》，近有人作《桂枝詞》、《松枝詞》，又有人紀日本風俗作《櫻枝詞》，皆是模仿《竹枝詞》的。（據胡懷琛先生《中國民歌研究》五五頁）

二　五代至宋的《吳歌》

釋文瑩《湘山野錄》云：「開平元年，梁太祖即位，封錢武肅鏐為吳越王。……改其鄉臨安縣為臨安衣錦軍。是年，……為牛酒，大陳鄉飲。……鏐起執爵於席，自唱《還鄉歌》以娛賓，曰：

三節還鄉兮掛錦衣，吳越一王兮駟馬歸，臨安道上列旌旗，碧天明明愛日輝。父老遠近來相隨，家山鄉眷兮會時稀，鬥牛光起兮天無欺。

時父老雖聞歌進酒，都不知曉。武肅亦覺其歡意不甚浹洽，再酌酒高揭吳音唱山歌以見意，詞曰：

你輩見儂底歡喜？別是一般滋味子，永在我儂心子裡！

歌闋，合聲賡贊，叫笑振席，歡感閭裡。今山民尚有能歌者。」袁褧《楓窗小牘》也記此事。末云，「至今狂童游女，借為奔期問答之歌，呼其宴處為歡喜地。」文瑩是北宋人，袁褧是南宋人。可見這歌直到南宋還流行，而且已成為情歌了。大概錢鏐作此歌，也是模仿當時民間的山歌，所以本來就很有情歌的味兒。這雖是個人的歌，但因為可以從它知道當時及宋世山歌的大概情形，所以詳述於此。歌是七言三句，與山歌一般形式略異。

宋人話本有《馮玉梅團圓》一種，其中引吳歌云：

月子彎彎照幾州，幾家歡樂幾家愁；幾家夫婦同羅帳，幾家飄零在它州。

並稱「此歌出自我宋建炎（高宗）年間，述民間離亂之苦。」鐘敬文先生說這是當時對山歌的前半章——即發問者的唱詞。若是的，這便是現存的最早的對山歌了。但以現在的對山歌論，發問的歌詞，都是平列的四句，一句一事，各不相涉。這裡的四句，意思卻是連貫的。究竟是否真如鐘先生所說，還待研究。

三　**粵歌**　粵俗好歌，而稱粵歌者也最多。明清之際的屈大均、王士禛，以及後來的李調元、梁紹王、黃遵憲諸人皆述及粵歌，加以讚賞。左天錫先生在《校點粵風後記》一文裡說，唱歌是粵人的一種特殊的嗜好，或者竟可以說是一種特別的需要（見《南國日刊》一），這是不錯的。粵歌的創始人，相傳是劉三妹，已見前章。又有人說是「始自榜人之女」（詳下引），這與《子夜歌》的起源頗似。論粵歌者，以《廣東新語》為詳，茲手頭無此書，暫引《粵東筆記》，這大部分是從《廣東新語》轉錄的。

粵俗好歌。凡有吉慶，必唱歌以歡樂；以不露題中一字，語多雙關，而中有掛折者為佳。掛折者，掛一人名於中，字相連而意不相連者也。其歌也，辭不必全雅，平仄不必全葉，以俚言土語襯之。唱一句，或延半刻，曼節長聲，自回自復，不欲一往而盡；辭必極其豔，情必極其至，使人喜悅悲酸而不能已已。此其為善之大端也，故嘗有歌試，以第高下，高者受上賞，號「歌伯」。其娶婦而親迎者，婚必多求數人，與己貌年相若而才思敏慧者，為伴郎；女家索攔門詩歌，婚或捉筆為之，或使伴郎代草，或文或不文，總以信口而成、才華斐美者為貴。至女家不能酬和，女乃出閣。此即唐人催妝之作也。先一夕，男女家行醮，親友與席者，或皆唱歌，名曰坐堂歌。酒罷，則親戚之尊貴者，親送新郎入房，名曰送花，花必以多子者。亦復唱歌。自後連夕，親友來索糖梅啖食者，名曰打糖梅。一皆唱歌，歌美者，得糖梅益多矣。……其短調踏歌者，不用絃索，往往引物連類，委曲譬喻，多如《子夜》、《竹枝》。……兒童所唱以嘻，則日山歌，亦日歌仔，多似詩餘音調。解確細碎，亦絕多妍麗之句。大抵粵音柔而直，頗近吳越，出於唇舌間，不清以濁，當為羽音。歌則清婉溜亮，紆徐有情，聽者亦多感動。風俗好歌。兒女子天機所觸，雖未嘗目接詩書，亦解白口唱和，自然合韻。說者謂粵歌始自榜人之女，其原辭不可解。以楚語譯之，如「山有木兮木有枝，心悅君兮君不知」，則絕類《離騷》也。粵固楚之南裔，豈屈宋風流，多洽於婦人女子歟？……東西兩粵皆尚歌，而西粵土司中尤盛。……

這一段記載甚詳，所引是最重要的，可見粵歌的大概情形。至於粵歌內容，就上所引，及本節下文所述，該書他處及他書中所見，可列為一表如次（據左天錫先生表增減）：

以上除註明者外，均見《粵東筆記》。除踏歌歌辭尚存，餘均有目無辭。踏歌多言情之作，《粵風》所載，殆全屬此種。其中拋帛一種見明嘉靖間人記載，可見粵中「歌試」之風，彼時已有。劉禹錫《竹枝詞》引已有「曲多為賢」之語，似已是「歌試」的開端，但語焉不詳，不能比較。就《粵歌》中踏歌而論，其特色乃在男女對答，劉三妹的傳說及上所記兩粵風俗，都可為證。至其他無辭可考者，是否全為對答之辭，則尚難論定。至於粵歌聲調，已見上引者，所謂「曼節長聲」，「使人喜悅悲酸」，「清婉瀏亮，紆徐有情」。此外黃遵憲《人境廬詩草．己亥雜詩注》云：「土人舊有山歌，……每一詞畢，輒間以無詞之聲，正如『妃呼豨』，甚哀厲而長。」所謂「悲酸」，「哀厲」，正與《子夜》、《竹枝》相合；無詞之聲是散聲。黃詩注又云：「田野踏歌者，……其尾腔曰『娘來裡，媽來裡』，曰『小籃弟』，曰『娘十幾』，皆男女儆動之詞也。」這卻是和聲了。至於這種踏歌的修辭，有所謂「雙關」與「掛折」。雙關即諧聲詞格，如：

天旱蜘蛛結夜網，想晴唯有暗中絲。

晴諧情，絲諧思，皆《竹枝詞》及《吳歌》中所有。又如：

竹篙燒火長長炭，炭到天明半作灰。

炭諧嘆，是前所未有。其他類此尚多。王士禎等都說《粵歌》與《子夜》或《竹枝》相近，主要理由在此。掛折是嵌字，晚唐皮日休、陸龜蒙「雜體詩」中有「古人名」一體，也是此體。但歌中所嵌人名，日久失傳，無從舉證。又這種踏歌或山歌（上表中山歌，似指長短句之兒歌，那是狹義；此用廣義）向來泛稱粵歌。而據鐘敬文先生說，這實「是客家人獨自擅場的一種歌謠」（《客音民歌集》附錄二第四頁）。這是不錯的。

四　西南民族的歌謠　西南民族名目甚多，其是否一個種族的支派，現在尚難說定（看國立中山大學《語言歷史學研究所週刊．西南民族研究專號編後》），但他們的宗教及風俗，頗多相同；關於歌謠的情形，便是如此。茲將與歌謠史有關的略述於下。這些民族的名字有疍、苗、猺、伖、僮、黎、畬、倮?等，分布的地方是兩廣、湘、川、滇、黔、浙、閩等處。除疍民似乎並無特別的語言外，餘均各有語言，有的似乎還有文字（見田雯《黔書》）。他們和粵人一樣，也都好歌。他們有些與漢人雜居日久，也學會漢語，能用漢語作歌。疍民的歌不用說，本是漢語。《苗歌》見《峒谿纖志志餘》，《猺歌》見同書及《粵風》，俱用漢語。畬（同山）歌似也有用漢語作的；林培廬先生的《潮州歌集》尚未見，故無從斷言。（林書雖是近作，但今傳之歌當然不會全是「近世」的。）《黎歌》辭未見記載，還不敢說。又《志餘》所收《苗歌》九首，《粵風》中也收了，卻併入《粵歌》之內，不另標目。這可見兩者的相似。而左天錫先生說：「我想最初的時候，或許只有云（如《志餘》所舉峒谿苗人）、貴（如舒位《黔苗竹枝詞》所舉白苗）及兩粵交界地方的苗子唱這些歌；以後和苗子接近的土人便也學著唱，直成為一種普遍的歌調了。苗人用漢語唱歌，自然是受漢人的影響，似無漢人反受苗人影響之理。但這並不就是說，明清之際的苗人受了他們同時的漢人的影響；也許他們同那時的漢人都受著從前漢人的影響。可惜我們現在的材料太少，還不能加以說明。」黃遵憲《己亥雜詩》注中也有與左先生相似的意見，他說：「土人舊有山歌，多男女相悅之詞，當是僚人遺俗。」他的話比左先生說得圓融，是說漢歌是受了僚人的歌的影響；但他並沒舉出證據，而我們則有理由相信《竹枝詞》實是這類山歌的遠祖。

左先生將這些民族的歌，勉強分為四類，第四類應屬「徒歌」，此處只列其三類：（一）結婚用（包括擇配、婚嫁），（二）節歲用（包括祭祀、聚會），（三）死亡用。左先生又說：「實際節歲有時兼祀神，而祀神後，又常在相歌舞以成配偶；並且歌以樂神的歌，又多是言男女之情。所以這許多歌的實質，以情歌為最占得多，而且都是男女互相對答，很少是獨唱的。」

（一）結婚用　各民族結婚風俗，大抵相同，但細節不盡一樣。——不但各民族不一樣，各民族中又分小支，也有相異處。所以我們只能用舉例的辦法，不能具詳。茲先舉陸次云《峒谿纖志》中《苗人跳月記》一文，以見苗俗一斑：

苗人之婚禮，曰「跳月」。跳月者，及春而跳舞求偶也。載陽展候，杏花柳梯，庶蟄蠕蠕，箐居穴處者蒸然蠢動。其父母各率子女，擇佳地而為跳月之會。父母群處於平原之上；子與子左，女與女右，分列於原隰之下。原之上，相喜宴樂：燒生獸而啖焉，操操不以箸也；漉咂而飲焉，吸管不以杯也。原之下，男則椎髻當前，纏以苗帨，襖不迨腰，袴不蔽膝；褲襖之際，錦帶束焉。植雞羽於髻顛，飄飄然，當風而顫。執蘆笙，笙六管，長尺有二，蓋有六律無六同者焉。女亦植雞羽於髻，如男；尺簪寸環，衫襟袖領，悉錦為緣。其錦藻繪遜中國而古文異致，無近態焉。聯珠以為纓，珠纍纍繞兩鬟；綴貝以為絡，貝摇摇翻兩肩。裙細褶如蝶版。男反褲不裙，女反裙不褲。裙衫之際，亦錦帶束焉。執繡籠；繡籠者，編竹為之，飾以繪，即綵球是也。而妍與媸，雜然於其中矣。女並執籠，未歌也。原上者語之歌，而無不歌。男執笙，未吹也；原上者語之吹，而無不吹。其歌哀豔，每盡一韻，三疊曼音以繚繞之；而笙節參差，與為漂渺而相赴。吹且歌，手則翔矣，足則揚矣，睞轉肢回，首旋神蕩矣。初則欲接還離，少則酣飛暢舞，交馳迅速矣。是時也，有男近女而女出之者；有女近男而男去之者。有數女爭近一男而男不知所擇者；有數男競近一女而女不知所避者。有相近復相舍，相舍仍相盼者。目許心成，籠來笙往，忽焉挽結。於是妍者負妍者，媸者負媸者，媸與媸不為人負，不得已而後相負者，媸復見媸，終無所負，涕泣而歸，羞愧於得負者。彼負而去者，渡澗越溪，選幽而合，解錦帶而在系焉。相攜以還於跳月之所，各隨父母以返，而後議聘。聘必以牛，牛必雙；以羊，羊必偶。……

但這種歌辭，並無記載。我們得注意，他們不一定全是用漢語的歌。此外黑苗有所謂「馬郎房」，亦為男女聚歌通情之地。傜人也有類似的風俗，名為「會閬」（《廣東新語》）。佷人亦「倚歌自擇配」（《粵西偶記》、《黔苗竹枝詞》），其有無特別的儀式不可知。僮人則有「浪花歌」（《峒谿纖志》、鄺露《赤雅》），又有所謂「羅漢樓」（《嶺南雜記》），均與苗俗相類。

婚嫁時也有許多唱歌的習俗。僮人的「對歌」，是親迎時用的，和粵地的「攔門歌」相類。疍民也有這樣的風俗（俱見劉策奇先生《僮話的我見》）。又畬民有所謂「調新郎」的風俗，新郎到岳家親迎，就席時桌上無一物，要等新郎一一指名而歌，然後司廚的人和著，才能得到所要的東西（沈作乾《畬民調查記》）。傜人結婚後數年，舉行「作星」的儀式，聚歌的多至數百千人，歌三四日夜（許纘曾《滇行紀程》）。《赤雅》載僮人的峒官婚嫁儀式，有一種「出寮舞」。男子就親女家為「入寮」；半年，女與婿歸，盛兵陳樂，馬上飛槍走毬鳴鐃角，各「出寮舞」，大概也有歌唱的。

（二）節歲用　苗人遇令節，為「踹堂舞」（《峒谿纖志》）。聚會親屬，椎牛跳舞曰「做戞」（《黔苗竹枝詞》，自注）。款客則有鸜鵒舞（同上）。但有歌辭與否不可知。傜人祭狗王（七月望日，見《說蠻》），有樂舞。十月祭多貝大王，男女聯袂而舞，謂之「踏傜」。相悅則男騰跳躍，負女而去（《赤雅》）。畬人除夕先祀祖，次「吃分歲」。宴畢，相互「答歌」為樂（《畬民調查記》）。僮人於春季場期男女「會歌」，所以祈年，禳疾病（檀萃《說蠻》），黎人集會唱歌，有歌姬歌郎。所歌多男女之情，用以樂神（《粵東筆記》）。

（三）死亡用　苗人習俗，死亡群聚歌舞，輒聯手踏地為節，喪家椎牛多釀以侍，名曰「踏歌」（朱輔《溪蠻叢笑》）。《黔苗竹枝詞》作「鬧屍」，《峒谿纖志》則名為「唱齊」。苗人又有「擊臼和歌」，以哭死者（貝青喬《苗俗記》及《說蠻》）。

（四）其他　兩粵與漢人雜居同化的苗人，婦女耕種時，田歌在答（《說蠻》）。又倮·~人春日有《採茶歌》（《黔苗竹枝詞》注）。苗人更有所謂「水曲」，有舞（同上）。僮人有「混沌舞，有樂有歌」（《赤雅》）。

以上各種歌，其辭不詳，不能引證。其原來性質都是樂歌，配合各種樂器或有樂器作用的用具；但在非儀式地歌唱時，便成徒歌了。

此外就有辭可見的而論，疍民是水居的民族，所賦不離江山。佷人以扁擔歌為其特用的歌（佷女亦力作，故男子以扁擔為定情之物，其上裝飾甚美，並鐫歌辭焉，見《粵西偶記》）。佷人以扇歌為其特用的歌。疍、苗的歌或作三七七，或作七言四句，也有作五七七七的，這種體式，大體與《粵歌》同。傜歌無韻，除上三式外，又有三七七七七，及七言六句二式。《傜歌》每句末，常有無意義的和聲「囉」（本鐘敬文先生）。《疍歌》全用漢語，《苗歌》今存者亦為漢語，《貍歌》則似辭兼傜漢，故不易解。這是就《粵風》中所載的說。至純苗語純傜語的歌如何，則均不可知。佷僮歌，《粵風》中全為譯音（今已由劉乾初、鐘敬文二先生譯為新詩）。大約這兩種人不能作漢語，故只可譯原語為漢字，以備一格。這兩種歌，每句都是五言，用韻之法甚繁。《僮歌》句數不定，最為自由。《佷歌》則概為八句。不能增減（據《粵風》原注）；但唱時卻要疊為十二句，以為尾腔（《粵西偶記》）。

蛋歌苗歌修辭，多用雙關，與粵歌同。傜佷僮歌，則無此例。《粵西偶記》說，「傜歌專重比興」，這不是說其他的歌沒有比興，而是說傜歌（僮歌亦同）只有比興，沒有那種諧聲詞格。

【小唱】

小唱包括小調或稱俚曲。小調與小曲兩個名字，照普通用法，並無嚴格的辨別；不過我想用小曲一名專指明清小曲，以清界限。

一　**小調的淵源**　南朝的《子夜四時歌》是《四季相思調》的祖祢，《月節折楊柳歌》是《十二月唱春調》的祖祢，《從軍五更轉》是《五更調》的祖祢，均已見前。

二　**五代俚曲**　羅振玉先生所印《敦煌零拾》中，有俚曲三種，即《嘆五更》、《天下傳孝十二時》、《禪門十二時》。羅先生跋云：「右俚曲三種得之敦煌故紙中。前為齋薦功德文，後為『時丁亥歲次天成二年，七月十日』等字一行。後書此三曲，繕寫相拙，偽別滿紙。然借知此等俚曲，自五季時已有之。……」天成是後唐明宗的年號，所以羅先生說「自五季時已有之」。此三曲中，《嘆五更》當從《五更轉》來，但句式是三七七七為一節，與《五更轉》之五言四句為一節者不同。其中所說，是一吏自悔未讀《孝經》，致不識文書。《天下傳孝十二時》句式相同，所詠如其題，頗有佛教影響在內。《禪門十二時》則全講「禪那」，顯然是佛教俗歌；其每節句式為三五五。

三　**蓮花樂**　宋釋普濟《五燈會元》有云：「俞道婆，嘗隨眾參琅琊，一日聞丐者唱蓮花樂，大悟。」（據胡懷琛先生《中國民歌研究》引）手頭無原書，據此引文及調名似蓮花樂，是一種佛教俗歌。後來卻變為丐者的歌詞的專名。歸玄恭《萬古愁曲》有云，「遇著那乞丐兒，唱一回《蓮花落》。」歸是明末人，可見那時已將《蓮花樂》作為丐者的職業歌，而「樂」字也因音相近訛為「落」了。可惜這些歌詞，俱未見記載。現在各地尚行此調，但已不是佛教俗歌而有許多變化了。歌時常為二人，有時有樂器，以竹為之，中空三節，貫以銅錢。歌時在身上擊打，先擊兩背次舉足迎擊，次擊背心。歌末皆有疊句（《語絲》一二六期）。落又或作鬧（同上）。有時戲劇化，一人坐著敲綽板，另一人一面唱，一面作種種姿勢。但不化妝，所謂唱亦非全為代言（《語絲》七期）。茲錄河北望都縣一首，以示例：

閒來無事東園兒裡摸，一到東園兒菜畦兒多：倭瓜滿地是，瓠子結的多，紫薇薇的茄子倒滴流著多。哩六蓮花兒落。

閒來無事北園兒裡摸，一到北園兒花名兒多：紫梅花兒俊，月季花兒多，竹籬兒裡的牡丹倒滴著多。哩六蓮花兒落。

鬧來無事西園兒裡摸，一到西園兒果名兒多：石榴張著嘴，花焦（椒）笑呵呵，通紅的小棗兒倒滴著多。哩六蓮花兒落。

鬧來無事南園兒裡摸，一到南園兒瓜名兒多：西瓜滿地是，菜瓜結的多，上架的黃瓜倒滴著多。哩六蓮花兒落。哩六蓮花兒落，大家歡喜同唸佛。

此首見《語絲》一一七期，是谷萬川先生所錄。據他說是從農民口裡記錄下來的。歌中所詠，確與農作有關，又末節末語似猶存佛教俗歌的遺形。

四　明清小曲　明清小曲，大部分是從元曲的小令與套數衍變而成，已在前章略說。馮式權先生《北方的小曲》文中云：「小曲的歷史，從明初到現在，已有五六百年之久。它的全盛時代，大約也同崑曲一樣，是在清朝乾隆的時候。在當時尤其歡迎它的是滿洲人，就到現在，也仍舊是如此。在北方各省，大約直隸同山東最盛行，其他各地就不甚深知了。」馮先生的材料是根據乾隆末年南京人王紹庭（楷堂）所輯《霓裳續譜》，及差不多同時人輯的《西調》抄本；有些則是從《綴白裘》的時劇中尋出來的。他將這些小曲大別為雜曲、雜調、西調、岔出四種。茲分述之：

（一）雜曲　凡是標有「牌名」的都可以包括在內。其中大部分都是自南北曲蛻化來的。雜曲同南北曲之分離，大約在明初，它們在明朝中葉已經完全脫離關係。在明朝創作的雜曲，已經很有不少。到了清朝，創作的曲子更多了，但淵源於南北曲的，也復不少。至於所有雜曲的各曲子的盛衰，在明朝可以由沈德符的《野獲編》上所記的看出（見第二章引——四十五頁）。但他所說之外，還有《玉蛾郎》，又名《玉蛾兒》，是明朝玉熙宮的曲子，流傳到民間，稱為《四景玉娥郎》。（見清高士奇《金鰲退食筆記》）一直到清朝同治、光緒的時候，還有流傳。至於明朝盛行的《干荷葉》、《哭皇天》、《桐城歌》、《鞋打卦》、《泥捏人》及《熬鬏髻》等，到清朝是早已寂寂無聞了。《鬧五更》也失傳，不知與另一來源的《五更調》異同如何。《銀絞絲》到清朝也不十分流行，卻會跑到舊劇裡邊去，——《探親相罵》完全就是這一闋曲子輾轉組成的——一直傳到現在。《打棗干》、《粉紅蓮》等，在清朝尚餘下有幾闋曲子，但也就衰微極了。《掛枝兒》到明末還流行。《續今古奇觀》中記妓女唱此曲，又《明代軼聞》中記馮夢龍的《掛枝兒》樂府大行於時（見西諦《掛枝兒》，《文學週報》八卷七號），都可為證。但到清朝似也微了。民國八年，上海有出版的《掛枝兒夾竹桃合刊》，所輯不知是現時南方還流行者否。唯《寄生草》一曲，是否曾經中落，已不可知。在乾隆前，總要算第一盛行的雜曲。當時的小說如《儒林外史》及《綠野仙蹤》都曾經引過它；後來《紅樓夢》也引過它。一部《霓裳續譜》所輯的雜曲，《寄生草》約在三分之一以上，僅它的變調已有六七種之多了。同《寄生草》同時的，有《疊落金錢》及《剪靛花》二曲，也還盛行。所有的雜曲自嘉慶道光以後就日衰一日了。現在雖然有《羅江怨》、《石榴花》、《南鑼兒》……等數曲流傳，但是聽者及唱者也都不知道它們是什麼東西了。

雜曲之出於南北曲的，有些格式同南北曲一樣，有些把原來的格式改變另成一體，甚而至於完全解放而沒有一定的格式。至於創作的曲子，有許多有一定的格式，有許多似乎沒有。現在的材料太少，對於這層，還不能十分確定。

茲舉《掛枝兒》、《寄生草》各一首為雜曲之例：

對妝臺忽然間打個噴嚏，想是有情哥思量我，寄個信兒。難道他思量我剛剛一次！自從別了你，日日淚珠垂，似我這等把你思量也，想你的噴嚏常如雨。

（《掛枝兒．噴嚏》）

欲寫情書，我可不識字。煩個人兒，——使不的。無奈何畫幾個圈兒為表記，此封書為有情人知此意：單圈是奴家，雙圈是你。訴不盡的苦，一路圈兒圈下去，一路圈兒圈下去。

（《寄生草》）

（二）雜調　雜調大約都是原來在某一個地方流行的一種調子，後來發展了而推廣到外面去的，如同唐宋時《大曲》中的《伊州》、《梁州》、《西州》等是。雜調有以地名為名的，如《湖廣調》、《隸津調》（當是《利津調》）、《河南調》等。有不標地名的，如《黃瀝調》（或《黃雜調》）、《盤香調》、《馬頭調》、《靠山調》等。從地名上看，《湖廣調》及《利津調》大約起自明朝，因為湖廣行省和利津縣都是明朝地名。其餘便不易考求。雜調的盛行，遠不如《西調》及《雜曲》。乾隆時，《黃瀝調》比較盛些，但多半與雜曲聯為套數，獨立的幾乎沒有。現在《黃瀝調》還有少數的存留。道光時，繼《黃瀝調》而起的是《馬頭調》。《京塵雜錄》（道光年作）上說：「京城極重《馬頭調》，遊俠子弟必習之，硜然，斷斷然，幾與南北曲同。」當時之盛亦可想而知。再後就是《靠山調》，現在也還有，不過衰微極了。

多數雜調的格式不如雜曲有規則，但有些也顯然有一定的格式。茲舉《黃瀝調》為雜調之例：

> 熨斗兒，熨不開滿面愁像。快刀兒，割不斷心長意長。算盤兒，打不開思想愁悵。鑰匙兒，開不開我眉頭鎖。汗巾兒，止不住我淚兩行。

道光八年刻的《白雪遺音》，是華廣生輯的。據鄭振鐸先生《白雪遺音選序》，此書蒐羅的範圍頗廣，材料很複雜。據鄭先生看，共有小劇本、滑稽短歌、小敘事詩、古人名、戲名、歇後語各種。除小劇本及歇後語外，皆屬歌謠範圍。其中有「帶白」的一種，是一人獨唱（如《嶺頭調》中《日落黃昏》一曲），可以說是歌謠與戲劇的過渡。此書的內容，據選本鄭序引原書高文德序云：「其間四時風景，閨怨情痴，讀之歷歷如在目前。」又引常瑞泉序云：「翻誦其詞，怨感痴恨，離合悲歡，諸調咸備。」據此，書中各曲不外寫景、言情兩種，而言情之作似占極大部分。鄭序又說其中有「猥褻的情歌」，雖亦言情，是另屬一類。至書中分類，則以樂調為主，就選本說，計有《馬頭調》、《嶺頭調》、《滿江紅》、《剪靛花》、《起字呀呀呦》、《八角鼓》、《南調》等。除《滿江紅》、《剪靛花》應屬雜曲外，其餘似乎都是雜調。《八角鼓》或與《西調》有關，亦未可知（看下文）。這種歌大抵先屬文人製作，然後流行民間的，故辭甚雅馴。茲舉《馬頭調》中《春景》一首，因為這種寫景的是很少的：

> 和風吹的梨花笑，如雪滿枝梢。杏花村裡，酒旗飄搖，春興更高。游春的人，個個醉在陽關道，醉眠芳草。猛抬頭，青楊綠柳如煙罩，弱絲千條。紫燕雙雙，飛過小橋，去尋新巢。兩河岸，桃花深處漁翁釣，春水一篙。深林中，遠遠近近黃鸝叫，聲兒奇巧。

上文說過鄭振鐸先生所得的《掛枝兒》一書，那書所錄，也都是戀歌。鄭先生又舉出其中兩首，與《白雪遺音》中兩首《馬頭調》相比，造意遣詞，都很相同。由此可見歌謠傳布與轉變的痕跡，又可見雜曲調之分，不能十分嚴格地看。

《國語週刊》第八期有《揚州的小曲》一文，介紹邗上蒙人的《風月夢》中的揚州妓女唱的小曲。書有道光戊申（二十八年）的自序，在《白雪遺音》後。所錄亦為雜曲。

（三）西調　這也可認為是雜調的一種，不過它的勢力非常之大，所以另分一類。《西調》

的序上說：「《西調》非詞非曲。」其是否脫胎於南北曲，亦很難說定。光緒時滿洲人震鈞作《天咫偶聞》，卷七有云：「舊日鼓辭有所謂子弟書者，始創於八旗子弟。其詞雅馴，其聲和緩，有《東城調》、《西城調》之分。西調尤緩而低，一韻縈回良久。」查《西調》盛於乾隆時，此所記已在六七十年後，或只是《西城調》之簡稱，與原來的《西調》無涉。原來的《西調》大約起於明朝，是山西省產生的。明朝山西的樂戶極多，直到清雍正元年方始解除。《野獲篇》說：「大同，代簡王所封，樂戶較他藩多數倍。……京師城內外，不逮三院者，大抵皆大同籍，……」可見山西樂戶之多。《雜曲》內的《數落山坡羊》，就是從宣府大同傳來的，那麼這《西調》或者也是由山西之樂戶傳出，所以叫做「西」調。

乾隆時可以說是《西調》最盛的時期，就是《寄生草》恐怕也不如它。一部《霓裳續譜》內大約二百闋《西調》，而且還有一部《西調》的專集。其中曲子大半出於士大夫之手。同治、光緒時，《崑曲》的時劇裡夾雜著的還不少。但是到現在，似已全然不存了。

《西曲》的格式也很難說定，舉一曲為例：

浮萍泛泛，恰似我無依無靠。舞蝶飄飄，恰似我魂夢遙遙。孤燈耿耿，恰似我把精神消耗。落花點點，恰似我血淚鮫綃。啼鵑陣陣，恰似我怨東風，絮絮叨叨。新月彎彎，恰似我皺眉梢。垂楊細細，恰似我瘦損了裊娜纖腰。殘春寂寂，恰似我虛渡過青春年少，青春年少。

（四）岔曲　有人說，《岔曲》出於清初軍中的「凱歌」，此說不甚可靠。查唐宋「大曲」內有〈煞袞〉（煞正寫應作殺）一篇。元人北曲以「煞」名的更多了，如《耍女兒十三煞》、《後庭花煞》、《神使兒煞》……等；至於《隨煞》、《隔煞》及《煞尾》，則差不多每一「官調」裡都有。南曲裡也有《隨煞》、《雙煞》，《和煞》……等。「殺」說文云：「從殳，殺聲。」徐鉉注說：「殺字，相傳云音察。」此處讀去聲，正與「岔」同音。或者「岔」就是「殺」或「煞」之誤寫。由此，我們不能不認《岔曲》同南北曲有直接或間接的關係，但現在還沒有充分證據罷了。《岔曲》裡邊的《慢岔》、《數岔》、《西岔》、《起字岔》及《堆字岔》，都沒有一定的格式。《平岔》大約也沒有一定的格式。茲舉一曲為例（以上多采馮式權先生原文）：

> 月滿欄杆，款步進花園。慢閃秋波四下裡觀，觀不盡敗葉飛空百花殘。猛聽得天邊孤雁聲嘹亮。霎時月被雲遮，光明不得見；似這等人兒不能周全，那月兒怎得圓！

（五）粵調　《粵東筆記》中所載《粵歌》，除前已見者外，尚有以下三種：

甲　摸魚歌　此為「長調」，「如唐之《連昌宮詞》、《琵琶行》等，長至數百言、千言，以三弦合之，每空中弦以起止。」《中華全國風俗志》作「木魚書」，云如上海《灘簧》，如《客途秋恨》、《三娘教子》、《蒙正拜灶》等都屬此類。木魚書到中秋晚上叫「月光書」，每到中秋晚上，讀書者高叫「月光贏」。「書」與「輸」同音；粵人好賭，故諱言之。婦人多爭購，以占吉凶。如所購為《客途秋恨》，則有落魄之兆；為《蒙正拜灶》，則有先難後易之兆。由此所記，木魚書實是唱本。《粵風》中有「沐浴歌」，亦是此種。但該書中說還有一種，句法類詩餘，書中有一歌，即是此種：

一笑千金難買，行來步步蓮生，臉似桃花眉似柳，話語最分明。

這是仿原來的沐浴的調子而唱的。

乙　湯水歌　「東莞貿食嫗所唱之歌頭曲尾。」

丙　瞽者小唱　「婦女定時聚會，使瞽師瞽女唱之，曰某記某記，如元人彈詞，其辭至數千言，隨主人所命唱之，以琵琶子為節。」

此外見於《池北偶談》的「師童歌」，是粵西巫覡樂神之曲。其辭不存，不知應屬前列《粵歌》中，抑應屬此。又許地山先生《粵謳在文學上的地位》（《民鐸》三卷三號）一文中，說起兩種粵調，其中「南音」一種，許先生舉出《客途秋恨》一名為例，不知是否就是木魚書。兩種辭均未見，茲暫將其另一種之目列下：

丁　龍舟歌

粵調中最負盛名的自然是：

戊　粵謳　這是舊廣州府屬的歌。鍾敬文先生說廣東除普通形式的民歌和兒歌外，有三種特出的歌，與廣東的三種方言相應：客家話則有山歌，福佬話則有《歌》，本地話（即廣府話）則有《粵謳》（《民間文藝叢話》十三頁）。《粵謳》相傳是南海招子庸的創作。相傳他要上北京會試的時候，在廣州珠江上和一個妓女秋喜認識。彼此互相羨慕，大有白頭偕老的思想。無奈子庸趕著要起程，意思要等會試以後才回來娶她。秋喜欠人的債，與子庸在一起兩三個月，從未向他提過。子庸去後，債主來逼她，她又不願另接他客，無法償還，後來便跳入珠江溺死了。子庸回來，查知這事，非常傷悼，於是作《吊秋喜》來表他的傷感。在《粵謳》裡，這是他的「處女作」。但這只是一個傳說。清同治十一年續修的《南海縣誌》卷二十有李征霨為他作的（據《民間文藝》二汪宗衍先生通信）傳，說他「精曉音律，尋常邪許，入於耳即會於心，蹋地能知其節拍。曾緝《粵謳》一卷」。是緝說，就不見得全是作了，原書刻於道光八年，有序及題詞十二篇。此本未見。所見為英國 Clementi 譯本附：

青州大尹（招嘗為青州知府）筆花飄，姊妹心情待曲描。更費蒐羅成豔體，任教頑鈍亦魂消。（梅花老農《題粵謳四絕句》之四）

大約有作有緝之說近是，至於秋喜的事，傳中不載。題詞中有江居士（汪通信中作逐江居士，謂是熊景星的別署）四首絕句，前三首似有所指的妓女，但與秋喜情形亦不合；怕秋喜的事終不免是附會的。

《粵謳》所錄，據 Clementi 本，共九十七「牌名」，一百二十一首。牌名實在就是題目。各歌以青樓生活為中心，大抵是描寫妓女的可憐生活的。若照傳說論，這便是秋喜之死有以致之了。但這些歌本是預備載酒征歌時給妓女唱的，其以妓女為題材，也是平常的事。各歌大抵托為妓女口吻，作男子語者甚少。調子則似乎是舊有的。石通人序有云：「南謳感人，聲則然矣，詞可得而征乎？」下即接「居士（指招子庸，他別署明珊居士）乃出所錄」云云。可見「南謳」的聲是本來有的。《粵謳》的寫法，大部分是借景抒情，是進步的興體；也有用比的（如《燈蛾》）、用賦的，但甚少。

最有名的兩篇，卻全是賦，一是《吊秋喜》，二是《解心事》。《吊秋喜》之有名不用說；《解心事》之得名，大約因它是《粵謳》中第一篇之故。《粵謳》甚至一名為《招子庸解心事》（見許先生文）；又唱《粵謳》也有叫唱《解心》的（《北新》二卷九號招勉之先生文）。茲錄《吊秋喜》及《聽春鶯》二曲於後；《聽春鶯》可以代表《粵謳》的作風，Clementi 說西方人不賞識前者，賞識後者。

聽見你話死，實在見思疑，何苦輕生得咁痴？你係為人客死，心唔怪得你。死因錢債，叫我怎不傷悲！你平日，當我系知心，亦該跟我講句；做乜交情三兩個月都有句言詞！往日個種恩情丟了落水；縱有金銀燒盡帶不到陰司！可惜飄泊在青樓，孤負你一世；煙花場上冇日開眉。你名叫做秋喜，只望等到秋來還有喜意；倒乜才過冬至後就被雪霜欺？今日無力春風唔共你爭得啖氣，落花無主敢就葬在春泥。此後情思有夢你便頻須寄，或者盡我呢點窮心慰嚇故知！泉路茫茫你雙腳又咁細，黃泉無客店問你向乜誰棲？青山白骨唔知憑誰祭？衰楊殘月空聽個只杜鵑啼！未必有個知心來共你擲紙，清明空恨個負紙錢飛！罷咯，不若當作你義妻，來送你入寺。等你孤魂無主，仗嚇佛力扶持！你便哀懇個位慈云施嚇佛偈，等你轉通來生誓不做客妻！若系冤債未償，再罰你落粉地，你便揀過一個多情早早見機。我若共你未斷情緣，重有相會日子。須緊記！念嚇前恩義！講到消魂兩字，共你死過都唔遲！（《吊秋喜》）

斷腸人，怕聽春鶯。鶯語撩人，更易斷魂。春光一到，已自撩人恨：鳥呀！你重有意和春共碎我心？人地話鳥語可以忘憂，我正聽佢一陣。你估人難如鳥，定是鳥不如人？見佢恃在能言，就言到妙品；但逢好境就語向春明！點得，鳥呀，你替我講句真言，言過這薄倖！又怕你言詞關切，佢又當作唔聞。又點得我魂夢化作鳥飛，同你去揾！揾著薄情詳講，重要佢回音。唉！真肉緊。做夢還依枕。但得我夢中唔叫醒我，我就附著你同行。（《聽春鶯》）

《粵謳》每首末了，常有感嘆詞「唉」、「罷咯」，「呀」或代名詞呼格「君呀」「郎呀」等等字眼。有「唉」、「呀」底句通常在全篇中是最短的句；而最末了那句每為全篇中最長的句。這個特性，因為《粵謳》是要來唱底緣故；唱到「唉」、「呀」、「罷咯」等字句，就是給人一個曲終的暗示。唱《粵謳》俱用琵琶和著，但廣東人精於琵琶的很少，所以各牌的調子都沒有什麼變化（據許文）。

當時《粵謳》極流行，李傳論之云：「……雖《巴人下里》之曲，而饒有情韻。擬之樂府，《子夜讀曲》之遺；儷以詩餘，『殘月曉風』之裔。而粵東方言別字亦得所考證，不苦詰屈聱牙。一時平康北里，譜入笙歌，雖『羌笛春風』，『渭城朝雨』，未能或先也。」招子庸以後，《粵謳》的作家很多；如繆蓮仙的作品也是數一數二的。蓮仙或與子庸同時，或晚他幾年。他是浙江人，游幕到廣州；他的生平，我們不甚知道。他在「南音」上更有名，《客途秋恨》便是他作的，至今還流行著。但到了道光末年，《粵謳》便漸漸中落了。李傳云：「自道光末年，喜唱弋陽腔，謂之班本。其言鄙穢，其音侏，幾令人掩目而走。而耆痂逐臭，無地無之。求能唱《粵謳》者，邈如星漢。」但是現在《粵謳》似乎又流行了。許先生文中也說他在廣東住得最久；他說廣州所屬各縣，「無論是誰，少有不會唱一二支《粵謳》的。」又招勉之先生文中也說及現在唱《粵謳》的事。他說《粵謳》一書中，至今還為人稱道的是《吊秋喜》及《解心事》二章。又說，現在唱《粵謳》的是用銅線琴（又名揚琴）和檀板，或用二胡和檀板，他們已不用琵琶了。

【徒歌】

徒歌或稱為「自來腔」（《歌謠週刊》七十一號 CK 先生文），包括誦的和歌的。山歌其實也可以說是徒歌；但本節所指，卻嚴格地以徹頭徹尾不合樂的為主。這種徒歌自應純是白話，而因古今語異及文人改削的關係，有些古謠在現在看來，卻似乎很文，這在流行當時並不如此的。徒歌之古者，相傳有《康衢謠》，但那是依託的（五十一頁）。《蠟辭》較為可靠，也甚古，但恐是追記；又其是否樂歌，甚難斷定。此外，《孟子》中載晏子引《夏諺》一首云：

吾王不游，吾何以休！吾王不豫，吾何以助！一遊一豫，為諸侯度！（《梁惠王》下）

此歌雖名為諺，而「其辭如歌詩」，實「謠之類」（焦循《孟子正義》中語），趙岐注以為夏禹時諺。孟子之書較早，此歌又是晏子所引，自然甚可靠。但陸侃如先生以為文字平易，疑亦是追記的（《中國古代詩史》稿）。所以關於最古的徒歌，實是難有定論。

徒歌內容，就《古謠諺》中所載言之，大約可分為下列諸項：

一　關於政治的

（一）占驗的　以占驗的觀點解釋歌謠，起源甚早。《國語‧鄭語》載周宣王時童謠云：

弧箕服，實亡周國。

說是褒姒亡周的豫言。古人好言神怪；若照我們現在的解釋，則這歌當是褒姒得寵後的傳說，形諸歌詠，乃民怨的表現，與「時日害喪，予及女偕亡」及「千里草，何青青」之謠是同類，不過表現方法各有不同而已。至於以後的應驗，則全屬偶然，並無一定的因果關係存於其間。但這種占驗的解釋，輔以熒惑之說（關於熒惑的記載，始於漢代，其起源大約甚古），直到近世，還有很大的勢力。因為史書《五行志》中採用此說，所以影響有如此之巨。《兒歌之研究》中說這種歌謠，學者稱為「歷史的兒歌」，引日本中根淑釋童謠云：

其歌皆詠當時事實，寄興他物，隱晦其辭，後世之人鮮能會解。故童謠云者，殆當世有心人之作，流行於世，馴至為童子所歌者耳。

並說「中國童謠，當亦如是」（《談龍集》二九三頁）。至如關於個人的預言，如《晉書．五行志》謂庾亮初鎮武昌，出至石頭。百姓於岸上歌曰：

庾公上武昌，翩翩如飛鳥。庾公還揚州，白馬牽旒旐。

又曰：

庾公初上時，翩翩如飛鳥。庾公還揚州，白馬牽流蘇。

（二）頌美的　前引《夏諺》即是一例。又如《左傳》襄公三十一年，子產從政一年，輿人誦之曰：

取我衣冠而褚之，取我田疇而伍之。孰殺子產，吾其與之！

這些都是普泛地頌美為政的人的。又如《漢書》載魏河內民為史起歌云：

鄴有賢令兮為史公，決漳水兮灌鄴旁，終古舄鹵兮生稻粱。

這是專指一事加以頌美的。

(三)諷刺的　如《後漢書．劉玄傳》載長安中語云：

灶下養，中郎將；爛羊胃，騎都尉；爛羊頭，關內侯。

這是諷刺劉玄時受官爵者之濫，是貶詠。又如《史記》載天下為衛子夫(武帝后)歌云：

生男無喜，生女無怒；獨不見衛子夫霸天下！

這歌專詠一人，諷刺之意甚隱。又如南朝時袁粲、褚淵同受宋明帝顧命，粲盡忠故國而死，淵則入仕新朝。於時百姓語曰：

可憐石頭城，寧為袁粲死，不為褚淵生！

這是譏淵個人失節的。

(四)怨詛的　如前舉「千里草」之謠是詛咒董卓的，屬此類。又如《漢書．翟方進傳》云：汝南舊有鴻隙大陂，郡以為饒。成帝時，關東數陂，水溢為害。方進為相，與御史大夫孔光共遣掾行事，以為決去陂水，其地肥美，省堤防費而無水憂。遂奏罷陂云。王莽時，常枯旱，郡中追怨方進，童謠曰：

壞陂誰？翟子威。飯我豆食羹芋魁。反乎覆，陂當復。誰云者？兩黃鵠。

這是為一事而發的。

（五）記事的　記當時新聞而成歌詠。如《漢書．匈奴傳》載《平城歌》云：

平城之下亦誠苦，七日不食，不能彀弩。

這是記平城之圍的。又《舊唐書．韋堅傳》載玄宗時人間戲唱歌詞云：

得體紇那也，紇囊得體耶。潭裡車船鬧，揚州銅器多。三郎（指玄宗）當殿坐，看唱《得體歌》。

書中以此歌為預言，其實也當是新聞的歌。

二　關於社會的

（一）頌美的　這是指頌美學術、德行等而言。如《論語．比考讖》詔孔長彥、孔秀彥兄弟聚徒數百，時人為之語曰：

魯國孔氏好讀經，兄弟講誦皆可聽。學士來者有聲名，不遇孔氏那得成！

有一個比較少見的歌，是頌富的。《晉書・麴傳》說金城麴氏與游氏世為豪族，西州為之語曰：

麴與游，牛羊不數頭；南開朱門，北望青樓。

(二)品鑒的　這與前項相似而不同，是評論人物而估定其價值的。東漢時此風最盛，起於學者而行於民間。其措語亦似有定式，如《後漢書・召馴傳》說馴少習《韓詩》，博通書傳，以志義聞，鄉里號之曰：

德行恂恂召伯春。

「伯春」是馴的字。又《許慎傳》，時人為之語曰：

五經無雙許叔重。

此種體格，大抵用以評論人之學術德行，間有涉及政事的，也以頌德為旨。如《後漢書》異文，鮑永辟、鮑恢為從事，京師語曰：

貴威斂手避二鮑。

這實在還是說二鮑之抗直的。也有連用兩句論一人的。如《後漢書・胡廣傳》載京師諺曰：

萬事不理問伯始（廣字），天下中庸有胡公。

又有用兩句來比較兩個人的。《後漢書．黨錮傳》序云：「初，恆帝為蠡吾侯受學於甘陵周福，及即帝位擢福為尚書。時同郡河南尹房植有名當朝。鄉人為之謠曰：

天下規矩房伯武（植字），因師護印周仲進（福字）。

二家賓客，互相譏揣，遂各樹朋徒，漸進尤隙。」

更有用兩句分論之人連為一歌的。這種歌或稱語，或稱諺，或稱謠。照《古謠諺》例言，所錄稱語者即諺。但諺是經驗的結晶，應是原則的或當然的，與此種歌性質不符，故仍當作謠而加以論列。在東漢以前，也有這種歌，但體式不同。《史記．貨殖傳》注，徐廣引諺云：

研桑心算。

研是計然，桑是桑宏羊。這也應屬於謠。

（三）風俗的　《五雜俎》（明謝筆淛著）載京師風俗諺云：

天無時不風，地無時不塵；物無所不有，人無所不為。

又如《後漢書》馬廖引長安語云：

城中好高髻，四方高一尺；城中好廣眉，四方且半額；城中好大袖，四方全匹帛。

這是說風俗流行的情形。又如《石痴別錄》（明代）載兒童衣裙相牽，每高唱云：

牽郎郎，拽弟弟，踏碎瓦兒不著地。

《堅瓠集》據《詢芻錄》說這是祝生男之歌。這便是風俗的表現了。

（四）民情的　如《越謠歌》云：

君乘車，我戴笠，他日相逢下車揖。君乘車，我騎馬，他日相逢為君下。

這可見友道之厚，風俗之淳。又如《炎徼紀聞》載廣西人為傜人謠云：

盎有一斗粟，莫溯藤峽水；囊有一陌錢，莫上府江船。

藤峽府江皆傜人所居。這是說傜人之可畏。

三　**關於地理的**　如《荊州記》載宜州西陵峽中有黃牛山，江湍紆回，途經信宿，猶望見之。行者語曰：

朝發黃牛，暮發黃牛；三朝三暮，黃牛如故。

或說這是諺，或說這是謠；但此歌似抒徵人之情，非只記載形勢，似以屬謠為是。

四　**關於風物的**　如《南越志》佚文云：南土謂蠣為蠔，甲為牡蠣。合澗州牡蠣，土人重之，語曰：

> 得合澗一，雖不足豪，亦可以高。

豪蠔諧聲，此另是一格。又如《拾遺記》說用胡中指星麥釀酒，醇美，久含令人齒動。若大醉，不可叫笑搖盪，令人肝脹消爛，俗人謂為消腸酒。閭裡歌曰：

> 寧得醇酒消腸，不與日月齊光。

五　關於傳說的　如《白醉瑣言》載，江西龍虎山頭向上，真人子孫相繼膺封。贛州張氏山頭向下，世出一人與冥道相通，每歲為陰府行疫於四方。有謠云：

> 金鵝頭向天，代代出神仙；金鵝頭向水，代代出神鬼。

又如《酉陽雜俎》記妒婦津說，有婦人渡此津者，皆壞衣枉妝，然後敢濟；不爾，風波暴發。醜婦雖妝飾而渡，其神亦不妒也。婦人渡河無風浪者，以為己醜，不致水神怒；醜婦諱之，無不皆自毀形容以塞嗤笑也。故齊人語曰：

> 欲求好婦，立在津口；婦立水旁，好醜自彰。

六　嘲謔的　如嘲殘疾的有《舞十般癩語》，見《西湖志餘》，是宋時歌，只存其一云：

> 一般癩來一般癩，渾身爛了肚皮在，也不礙。

又如《委卷叢談》引杭諺嘲塾師云：

「都都平丈我」，學生滿堂坐。「鬱鬱乎文哉」，學生都不來。

這是說塾師先誤讀，學生不知，後經人指出，學生乃都散去。

七　訣術的　如《帝城景物略》云：幼兒見新月，日月芽兒，即拜篤篤祝，乃歌曰：

日日月，拜三拜，休教兒生疥！

又如同書載九歲時不雨，家貼龍王神馬於門，磁瓶插柳枝，樹門之旁。小兒塑泥龍，張紙旗，擊鼓金，焚香各龍王廟，群歌曰：

青龍頭，白龍尾，小兒求雨天歡喜。麥子麥子焦黃，起動起動龍王。大下小下，初一下到十八。摩訶薩！

又如《新唐書》載《京師裡閭詛》云：

若違教，值「三豹」。

書中說王旭、李嵩、李全交之御史皆嚴酷，京師號「三豹」，裡閭至相詛（另一書載此歌，作咒）云云。這與小說中常用的詛詞「若有虛假，雷殛火焚」，用處相同。

八　遊戲歌　如第二章所舉「狸狸斑斑」一首是也。此歌無意義，只是趁韻而成。

【海外的中國民歌】

英國 Charles G Leloud 著有 Pidgin English Sing-Song 一書，收錄海外的中國民歌二十二章。用的是一種特別的語言，用字與文法兩方面，都是華洋合璧。這便是國內所謂「洋涇濱話」；早一些的名字，似乎還有所謂「紅毛鬼話」。前者是上海的名字，後者是南洋的名字。這種話裡英語的分子最多，但因發音困難，都已變了樣子。洋涇濱話中只有英語，紅毛鬼話中卻還夾著法語、葡萄牙語、印度語、馬來語。又前者中的中國字是上海話，後者中卻是廣東話。這種話雖起於上海及南洋，但漸漸通行各口岸。工商人等出國謀生者，又將它帶至歐美各處。通行範圍既廣，便有用這種話作的歌和故事等，本書所錄，正是此等。據本書導言中說，作歌人英文程度也頗有高下之別。書有英美兩種版。美國版印於一八七六，可知這些歌至少已是半世紀前的東西了。現在國人能說正確的外國語者日多，這種東西大約已漸歸淘汰了罷（參看劉復先生《海外的中國民歌》一文）。

二十二章中以敘事歌為多，這與中國國內民歌的情形不同，想是受外國歌謠影響。所敘或出於歷史，如孔子和老子；或出於傳說，如《韃靼公主歌》（此歌與烏孫公主《悲秋歌》有關）；或紀近世之新聞，如 Wang-ti The Ballad of Wing-King-Wo，或記中外人之小交涉，如 Margloe Slang-Whang；或為寓言，如《鼠》；或為生活歌，如《賣玩物的人的歌》；或為兒歌，大抵取材中國的多，無純粹詠外國事者。所詠多與用這種話的人身分相稱；也有不相稱的，但亦必是常為他們所樂道的高級社會中人物。至如《孔子與老子》一章中述較高的哲理，疑非那班人所能領會，或是於中文較有根底者所為，未必流行甚廣也。又各歌後附教訓之謠，如《伊索寓言》而較長，當是受《伊索寓言》等影響。茲錄劉復先生所譯五歌之二以示例：

〈小小兒子〉

小小子兒，坐屋角，吃年糕。吃出乾葡萄，「好呀！我這小子多麼好！」（附原文）

Little Jack Horner
Little Jack Horner
Makee sit inside corner，Chow-chow he climas pie;
He put inside t' un Hob catchee one plum，Hai yah!
What one good ohilo my!

〈老鼠〉

有一隻老鼠，硬要拉出一隻釘來。牠來說，「我看見了怎個大尾兒！」「可是我現在拉出來了，這東西沒有用，不好，只是塊舊鐵，不是好吃的東西。」

要是人丟了功夫做麻煩的笨事，那猶如是你把你——呸——那竟是老鼠拉釘呵！

以上都說的是古歌謠，可算是歌謠的歷史。至於近世歌謠，即當世流行的歌謠，就已收集的而論，(其中有一部分是從書上抄下，非從口頭抄下，這一部分也當以古歌謠論。不過這種分別，全為容易辨明。所謂古歌謠，有些也與當世流行者差不多。這層我們是應當知道的。)可分為普通話、吳語、粵語三系，其內容及結構，均於下兩章中論及，茲不贅。這中間有些敘事的唱本，如《孟姜女》、《祝英台》等，很可注意，因為她們的故事是流行極廣的大故事。

三　歌謠的歷史

四　歌謠的分類

【分類的標準】

歌謠可用種種標準分類，茲列舉如次：

一　**音樂**　歌謠本以聲為主，曲調自然是最重要的，所以列為第一。古來徒歌、樂歌之別，近世小曲、自來腔之別，均以音樂為衡。《詩三百篇》和《樂府詩集》也都以音樂分類。現在的小曲裡也有不少的曲調如《滿江紅》、《銀紐絲》、《梳妝臺》、《侉侉調》、《泗州調》、《孟姜女》，《十杯酒》等，可惜還沒有多少人收集這種材料，確切的分類一時怕還談不到。

二　**實質**　這種分類法，下文將專論之。

三　**形式**　如《四季相思》、《五更調》、《十二月》、《十杯酒》、《二十四枝花》、《百花名》等；或「數字」、「對字」、「對句」、「接字」、「對山歌」、「寶塔歌」等。

四　**風格**　第一章裡曾引沈兼士先生「自然民謠」與「假作民謠」之說。他說這兩者的命意屬辭及調子，都不相同；又說後者沒有前者「那麼單純直樸」。他的主要的標準似乎是風格；風格原可以概括命意屬辭的。這種分法的結果，與小曲和自來腔的分法一樣，只是從另一面看罷了。

五　作法　如吳康先生《詩經學大綱》（《國立廣東大學文科學院季刊》）分《詩經》為四類：

（一）記敘類　如《七月》、《東山》，《大明》、《綿》、《嵩高》、《烝民》等是也。

（二）抒情類　如《關雎》、《桃夭》、《柏舟》、《谷風》、《野有蔓草》、《溱洧》、《蒹葭》、《小弁》等是也。

（三）狀物類　如《君子偕老》、《碩人》、《小戎》等是也。

（四）議論類　如《祖鼠》、《節南山》、《正月》、《十月之交》、《文王》、《板》、《蕩》、《抑》等是也。

又如《簡兮》，《良耜》等篇（此類詩篇至眾，今不一一具舉），語無專主，弗能厠為何類，在讀者審之而已矣。

吳先生說這是就詩義分的，我看實是就作法分的。

六　母題　研究歌謠，有一個很有趣的法子，就是「比較的研究法」。有許多歌謠是大同小異的，大同的地方是它們的本旨，在文學的術語上叫做「母題（motif）」；小異的地方是隨時隨地添上的枝葉細節。（《胡適文存二集》卷四，三〇九頁）母題也可為分類的一種標準，如《看見她》、《孟姜女》、《月光光》等；但是現在材料太少，這種標準還不能大規模地運用。

七　語言　如近世歌謠可分為普通話，吳語，粵語三系。

八　韻腳　歌謠多有韻，但也有無韻的。《古謠諺．凡例》說謠諺「間有無韻者，大都因所引未全」。可是也未必盡然。如吳歌中的《一家人家》（數字）、《碰碰門》（對句）、《倷姓啥》（對字）、《頭頭利市》（接字）等，便都是全部或大部無韻的。茲舉《一家人家》一首：

一家人家：兩個人，三板橋；四峙牌樓，五斤甏頭，陸家裡來子七個客人，喊子八個戲子，點子九蓮燈，做子十出戲。（《甲集》二四頁）

這是通首無韻的。原來歌謠分為樂歌、徒歌，徒歌裡又有歌、誦之別；誦與歌稍異，沒有韻也無妨。上舉各例，都是只能誦的歌謠。照以上所說，歌謠固可分有韻、無韻二類，但無韻的究竟甚少。

九　歌者　《古謠諺．凡例》所謂「以人為標題者」，便是此種；如「軍中謠」、「諸軍謠」、「民謠」、「百姓謠」、「童謠」、「兒謠」、「女謠」、「小兒謠」、「嬰兒謠」等。《吳歌甲集》裡所收歌謠，大別為兒歌、民歌二類。民歌中又分五類，如下：

（一）鄉村婦女的歌——這是以她們的中心思想（愛情）發揮而成的歌；因為她們沒有受過禮教的薰陶，所以敢做赤裸裸的敘述。

（二）閨閣婦女的歌——這類歌的結構比別類都茂密，說的人情世故也都刻劃入細。在形式方面，固然獨創的也很多，但給識字的婦女做了，便接近到詩及彈詞上面去。在意義方面，說私情的不及說功名的多，大都希望夫婿以科第得官；或者說自己竭力整頓家事，求得丈夫面上的威光。這種情境，絕不是鄉村婦女所想得到的。

（三）男子（農、工、流氓）的歌——它們或有豪邁的氣概，或有滑稽的情興。（農工流氓以外的男子是沒有歌的，程度高的就做詩，低的就唱戲了。）

（四）雜歌——如對於宇宙和人生求解答的對山歌，如佛婆們的勸善歌等。（七頁）

兒歌、民歌的二分法，甚為有用，本章也將採用。

十　地域　《古謠諺·凡例》所謂「以地為標題者」，便是此種。如「長安謠」、「京師謠」、「王府中謠」、「鄴郡謠」、「二郡謠」、「天下謠」等。近世曲調，常以地域標題，如「泗州調」、「揚州小調」之類；又「粵謳」也當屬此。歌謠集亦多以地域名，如《北京歌謠》、《吳歌甲集》、《粵東之風》、《臺灣情歌集》等。

十一　時代　《古謠諺·凡例》裡所謂「以時為標題者」，便是此種。如「堯時謠」、「周時謠」、「秦時謠」、「漢時謠」等。又如「古代歌謠」與「近代歌謠」之分，也屬此種（見傅振倫先生《歌謠分類問題的我見》，《歌謠週刊》八四號）。將來材料若夠，還可按照歷史或朝代分類。

十二　職業　如山歌、秧歌、樵歌、漁歌、船歌、牧歌、農歌、採茶歌等；或夯歌，廠歌，春歌，成相歌等。前者多為情歌，後者則是本地風光（見傅振倫先生文）。

十三　民族　如傜歌、佷歌、僮歌、客家歌謠、疍家歌謠、倮倮歌謠等。

十四　人數　如獨歌與和歌。

十五　效用　如廉泉先生《國粹教科書．詩經讀本》捲上，依據孔子的話，以「可興」、「可觀」、「可群」、「可怨」四類為目；雖不是將《詩》三百篇整個地分類，但不失為一種分類法。這是以對於讀者的影響為主的，所以我說是「效用」。

應用以上十五種分類標準，我們可以研究歌謠的各方面。就中前八項都是關於歌謠本身的，後六項是關於它們的背景的，末一項則是獨立的。五、六、十四三項用處甚少；末一項則不易確定，所謂聊備一格而已。最有用的實在是一、二、三及九項裡的民歌兒歌二分法。本章擬即以這種二分法為經，實質為緯，來討論歌謠的分類。至於一、三兩項，當別立專章研究。現在想先介紹中外幾種實質分類法。

【Kidson 的民歌分類法】

一　敘事歌　「最早的敘事歌是最古的民歌的遺形。」

二　情歌、神祕歌　「一切抒情詩裡，愛情占第一位，民歌裡自然不會是例外。」

「民間的歌者歡喜有神祕力的東西。」像《不安的墳墓》（*The Unquiet Grave*）便是這一種：

今天起了風，又有幾點的小雨；我只有過一個真愛，伊已經睡在冰冷的墳裡了。

我將同世上的少年人一般，去為我的真愛盡我的心；我將在伊墳上坐了哀悼，過十二個月〇一日。

十二個月〇一日已經過了，死人開口說道：「誰坐在我的墳上哭泣，不給我安睡呢？」

「這是我坐在你的墳上，不給你安睡；因為我願一接你土冷的嘴唇，這是我的唯一的願心。」

「你願一接我土冷的嘴唇；但是我的呼吸有土氣息；倘若你一接我土冷的嘴唇，你的命便不久長。在那邊綠的園裡，我們先前散步的地方，見過的最美的花，已經乾枯了剩了枝條了。枝條也乾枯了，我們的心也一樣的衰萎了；你且聊自消遣，等到神來叫你去罷。」（《新青年》八卷三號）

這是鬼歌。

三　牧歌　「它的主要的題目是鄉村生活的快樂。」如剪羊毛歌、收穫歌等。其中有少數是對唱的。

四　飲酒歌、滑稽歌。

五　剪徑賊歌、小偷兒歌　「這些是他們入獄後，作以勸世的」；有些是職業的制歌人做出來的。

六　軍士歌　逃軍歌也包括在內。

七　海上歌　如《綠洲捕鯨謠》。

八　強募海軍歌　「這些歌比前幾種都富於戲劇性些。」強募海軍是十八世紀的事。當時人民一夕數驚，留下極深的印象，所以有這種歌流傳至今。歌中往往敘「女子上船找她的真心的愛人，用『金子』將他贖回。」

九　獵歌、運動歌。

十　勞動歌　因各種工作而異，或以整齊工作、或以減輕勞苦：如船歌、水手歌等。

十一　流傳的頌歌　有宗教頌歌、節日頌歌兩種。

十二　兒童遊戲歌　「最簡單，最特別，容易記憶：歷代相沿，傳訛最少。」「這些公認為極古的歌。」「有人說在裡面可以看出異教的婚喪祭禮。」（《英國民歌論》五三至七八頁）

【Witham 的敘事歌分類法】

她依據 Francis James Child 的《英吉利蘇格蘭敘事歌》（*English and Scottish Popular Ballads*），分敘事歌為十類：

一　謎語

二　家庭悲劇歌　英吉利蘇格蘭敘事歌中此種最多。所敘有被劫的新娘、私奔、逐夫、棄婦、爭吵的弟兄、陰謀的母親、暴虐的繼母、妒嫉的婆婆、不義的僕人等。

三　輓歌　一種是生者哀悼死者的，一種是死者與生者作別的。

四　迷信歌　所敘是超自然的世界，如仙情人、魔術的變形，死人的回來等。

五　神聖傳說歌　敘耶穌的事。此種不多。

六　傳奇歌　這是歌工們所作。

七　滑稽歌　頗少。

八　新聞歌　即事成歌屬。此種也不多。

九　紀年歌　這是邊地（Border）的敘事歌，頌揚英吉利蘇格蘭間的邊地裡的侵略與戰爭。這些歌是較重要的。

十　綠林歌　所敘是俠盜，Robin Hood 最著。

witham 說以上各類是依著論理的次序排列的；年代的先後，也可約略依此次序定之。

（《英吉利蘇格蘭敘事歌選粹》的引論）

【民歌的其他分類法】

還有人是主張這樣分的，在民歌這種總名之下，可以約略分作這幾大類：

一　情歌

二　生活歌　包括各種職業勞動的歌，以及描寫社會家庭生活者，如童養媳及姑婦的歌皆是。

三　滑稽歌　嘲弄諷刺及「沒有意思」的歌皆屬之，唯後者殊不多，大抵可以歸到兒歌裡去。

四　敘事歌　即韻文的故事，《孔雀東南飛》及《木蘭行》是最好的例，但現在通行的似不多見。又有一種「即事的民歌」，敘述當代的事情，如北地通行的「不剃辮子沒法混，剃了辮子怕張順」便是。中國史書上所載有應驗的「童謠」，有一部分是這些歌謠，其大多數原是普通的兒歌，經古人附會作熒惑的神示罷了。

五　儀式歌　如結婚的撒帳歌等，行禁厭時的祝語亦屬之，占候歌訣也應該附在這裡。

諺語是理知的產物，本與主情的歌謠殊異，但因也用歌謠的形式，又與儀式占候歌有連帶的關係，所以附在末尾，古代的詩的哲學書都歸在詩裡，這正是相同的例子。

六　兒歌　兒歌的性質與普通的民歌頗有不同，所以別立一類。也有本是大人的歌而兒童學唱者，雖然依照通行的範圍可以當作兒歌，但嚴格的說來應歸入民歌部門才對。歐洲編兒歌集的人普通分作母戲母歌與兒戲兒歌兩部，以母親或兒童自己主動為斷，其次序先兒童本身，次及其關係者與熟習的事物，次及其他各事物。現在只就歌的性質上分作兩項：

（一）事物歌

（二）遊戲歌

事物歌包含一切抒情敘事的歌，謎語其實是一種詠物詩，所以也收在裡邊。唱歌而伴以動作者則為遊戲歌，實即敘事的扮演，可以說是原始的戲曲——據現代民俗學的考據，這些遊戲的確起源於先民的儀式。遊戲時選定擔任苦役的人，常用一種完全沒有意思的歌詞，這便稱作抉擇歌（Counting Out Song），也屬遊戲歌項下。還有一種只用作歌唱，雖亦沒有意思而各句尚相連貫者，那是趁韻的滑稽歌，當屬於第一項了。（見《歌謠》週刊中的《歌謠》一文）

顧頡剛先生兒歌民歌二分法，我想是根據這裡的第六項的。

【兒歌與民歌】

本章採用兒歌民歌二分法為經，實質的分類為緯。民歌本只一義，今與兒歌對言，則與「成人的歌」相當，較原義狹得多（見鐘敬文先生《孩子們的歌聲》序）。至於兒歌，如前所說歐洲兒歌集通例，可分為母歌、兒歌兩部。單言兒歌兼包兩種，與母歌對舉，則為兒童自作自唱之歌（亦見鐘序）。一廣一狹，正與民歌同。若將本是大人的歌而兒童學唱者，依照通行的範圍，也當作兒歌，則兒歌的範圍更廣了。嚴格論之，這種是應歸入民歌部門的。若像前說在滑稽歌項下「沒有意思」的歌殊不多，大抵可以歸到兒歌裡去。那麼，兒歌民歌的範圍，有時是要相混的。所以這種二分法雖然有用，但要謹慎分析，才能周妥；不過有時雖謹慎分析，怕也未必能全然精確，那是只好做到那裡是那裡了。

【兒歌】

《兒歌之研究》（《歌謠》三三、三四號轉錄）中說兒歌是「兒童歌謳之詞，古言童謠」。但自來書史記錄童謠者，多信望文生義的熒惑說，列之於五行妖異之中。故所錄幾全為占驗的及政治的童謠，童謠的範圍於是漸漸縮減，而與妖祥觀念相聯不解。這個錯誤應該改正。我們須知占驗的及政治的童謠，只是童謠的一部分，而不是它的全部。

又說：兒童學語，先音節而後詞意，此兒歌之所由發生。……西國學者蒐集研究，排比成書，順兒童自然發達之序，依次而進，大要分為前後兩級：

一　**母歌**　兒未能言，母與兒戲，歌以侑之。其最初者即為：

(一)撫兒使睡之歌　以嘽緩之音，作為歌詞，反覆重言，聞者身體舒懈，自然入睡。如北京之撫兒歌：

我兒子睡覺了，我花兒睡覺了，我花兒把卜了。我花兒是個乖兒子，我花兒是個哄人精。

(二)弄兒之歌　先就兒童本身，指點為歌，漸及於身外之物。北京有十指、五官及足五趾之歌(見美國何德蘭編譯《孺子歌圖》)，越中持兒手，以食指相點，歌曰：

鬥鬥蟲，蟲蟲飛，飛到何裡去？飛到高山吃白米，吱吱哉！

又如《點點窩螺》、《車水呷啞》、《叉叉叉到外婆家》、《打蕎麥》，亦是。

叉叉叉，叉到外婆家。外婆留喫茶。妗姆懶燒茶，茶鐘茶匙別人家。水水水，水缸底蓮花。(《越諺》)

(三)體物之歌　率就天然物象，即興賦情，如越之《鳩鳴燕語》、《知了唶唶叫》、《火螢蟲夜紅》。杭州亦有之，又云：

火焰蟲，的的飛；飛上來，飛下去。

或云「螢火螢火，你來照我」，甚有詩趣。北京歌有《喜兒喜兒買豆腐》、《小耗子上燈臺》。《北齊書》引童謠《羊羊吃野草》，《隋書》之《可憐青雀子》，又《狐截尾》、《新唐書》之《燕燕飛上天》，皆其選也。複次為：

月亮彎彎，囡來望娘，娘話心肝肉居來哉，爹話一盆花居來哉，娘娘話穿針個肉居來哉，爺爺話拷背個肉居來哉。吾嬷見我歸，撿起羅裙揩眼淚；爹爹見我歸，拔起竹竿趕市去；娘娘見我歸，得拐枝後園趕雄雞；爺爺見我歸，挑開船篷外孫抱弗及；嫂嫂見我歸，鑠籠鑠籠鑠弗及，哥哥見我歸，關得書房假讀書。

(四)人事之歌　原本世情而特多詭譎之趣。此類雖初為母歌，及兒童能言，漸亦歌之，則流為兒戲之歌。如越中之《喜子窠》、《月亮彎彎》、《山裡果子聯聯串》，是也。

二**兒戲**　兒童自戲自歌之詞，然兒童聞母歌而識之，則亦自歌之。大較可分為三：

(一)遊戲　兒童遊戲，有歌以先之或和之者，與前弄兒之歌相似，但一為能動，一為所動為差耳。《北齊書》，「童戲者好以兩手持繩拂地，而卻上跳，且唱日高末」，即近世之跳繩。又《舊唐書》「元和小兒謠云，打麥打麥三三三，乃轉身曰，舞了也。」《明詩綜》：「正統中京師群兒連臂呼於塗曰，正月裡狼來咬豬未。一兒應曰，未也。循是至八月，則應曰來矣，皆散走。」皆古歌之僅存者。今北方猶有「拉大鋸」、「翻餅烙餅」、「碾磨」、「糊狗肉」、「點牛眼」、「敦老米」等戲，皆有歌佐之。越中雖有相當遊戲，但失其詞，故易散失，且令戲者少有興會矣。其《鐵腳斑斑》一歌，已見前章。看了那首歌的轉變，就知兒童重在音節，多隨韻接合，義不相貫，如《一顆星》及《天裡一顆星樹裡一隻鷹》、《夾雨夾雪凍殺老鱉》等，皆然。兒童聞之，但就一二名物，涉想成趣，自感愉悅，不求會通。童謠難解，多以此故。唯本於古代禮俗，流傳及今者，則可以民俗學疏理，得其本意耳。

(二) 謎語　古所謂「隱」，斷竹續竹之謠，殆為最古。今之蠻荒民族猶多好之，即在歐亞列國，鄉民婦孺，亦尚有謎語流傳，其內容彷彿相似。菲律賓土人釣鉤謎曰，「懸死肉，求生肉」，與「斷竹續竹，飛土逐肉」之隱彈丸，同一思路。又犬謎曰，「坐時身高立時低」，乃與紹興之謎同也。越中謎語之佳，如：

一園竹，細簇簇；開白花，結連肉。(稻)

天裡一隻，裡一隻蟹。(蜘蛛)

日裡忙忙碌碌；夜裡茅草蓋屋。(眼)

皆體物入微，情思奇巧。幼兒知識初啟，索隱推尋，足以開發其心思。且所述皆習見事物，象形疏狀，深切著明，在幼稚時代，不啻一部天物誌疏；言其效益，殆可比於近世所提倡之自然研究歟。

（三）敘事歌　有根於歷史者，如上言史傳所載之童謠，多屬於此。其初由世人造作，寄其諷喻，而小兒歌之。及時代變易，則亦或存或亡，淘汰之餘，乃永流傳；如越謠之「低叭低叭，新人留帶」，範嘯風以為是宋末元初之謠，即其一例。但亦當分別言之。凡占驗之歌，不可盡信。如「千里草，何青青」之歌董卓，「小兒天上口」之歌吳元濟，顯然造作，本非童謠。又如「燕燕尾涎涎」，本為童謠，而後人傅會其事，皆篝火孤鳴之故智，不能據為正解。故敘事童歌者，事後詠嘆之詞，與讖緯別也。

次有傳說之歌，以神話世說為本，特中國素少神話，則此類自鮮。越中《曝曝曝》歌，其本事出於螺女之傳說。

又次為人事之歌，其數最多。舉凡人世情事，大抵具有，特化為單純，故於童心不相背戾。如婚姻之事，在兒童歌謠遊戲中，數見不鮮，而詞致樸直，妙在自然。如北京謠云：

簷蝙蝠，穿花鞋；你是奶奶我是爺。

英國歌云：

白者百合紅薔薇，我為王時汝為妃。迷迭碧華藝草綠，汝念我時我念若。

皆其佳者。若淫詞佚意，乃為下里歌謳，非童謠本色。蓋童謠之中，雖間有俚詞，而決無蕩思也。(以上節錄《兒歌之研究》)

褚東郊先生《中國兒歌的研究》(《中國文學研究》)的分類如下：

(一)催眠止哭的　二三歲小兒，所唱的大都是從他們母親口裡學來的催眠止哭之歌。如浙江杭縣的：

又會哭，又會笑，三隻黃狗來抬轎。一抬抬到城隍廟，城隍菩薩看見哈哈笑。

又中國家庭習慣，對於小兒，往往用食物以誘止其啼哭，因而兒歌裡面也常有這種歌詞。這雖是一種口惠而實不至的辦法，但是在富於想像力的小兒聽了，已經覺得津津有味。如黑龍江的《小孩小孩你別哭》歌，便是這個用意。

小孩小孩你別哭，過了臘八就殺豬。小孩小孩你別饞，過了臘八就是年。

(二)遊戲應用的　兒童天性活潑，喜歡遊戲。所以兒歌中關於遊戲時應用的歌詞很多。唱這種歌的兒童，年齡比較大一點，歌裡面所含的意義，也比催眠止哭的要較深一點。有一人遊戲時應用的，有二人遊戲時應用的，也有三人以上遊戲時應用的。如安徽合肥地方的小兒，常取柔軟而且微細的雞毛，用口吹之，使雞毛上升，迴旋空際，口中唱道：

雞毛雞毛上天去，你給老爺搬磚去。搬來金磚蓋金殿，坐個天子萬萬年。

這是一人遊戲時應用的兒歌。又如安徽績溪地方的小兒，常以兩人為一組，將手交叉握住，互相推來推去，作推磨的樣子。他們一邊推，一邊口裡唱道：

推車哥，磨車郎，打發哥哥進學堂。哥哥不曾念了三年書，一考考著秀才郎。前拜爹，後拜娘，一拜拜進老婆房。老婆不喜歡，一困困到床壁裡。

這是二人遊戲時應用的。又如雲南昆明地方的兒童，常聚集十多個同伴，分為甲乙兩隊；甲隊兒童兩手高舉，作城門狀，乙隊兒童魚貫而前，與甲隊互相問答而唱道：

「城門城門有多高？」「八十二丈高。」「三千馬兵可過得去？」「有錢只管過，無錢耍大刀。」「什麼刀」「春秋刀。」「什麼春？」「草兒春。」「什麼草？」「鐵線草。」「什麼鐵？」「鍋鐵。」「什麼鍋？」「尺八鍋。」「什麼尺？」「官定尺。」「什麼官？」「啄木官。」「什麼啄？」「雞屎雨大撮。」「什麼雞？」「紅冠大眼雞。」「什麼紅？」「山紅。」「什麼山？」「泰華山。」「什麼泰？」「波羅泰。」「什麼波？」「池飯波。」「什麼池？」「北門望著蓮花池。」「什麼連？」「衣裳褲子一把連。」

回答既畢，兩隊兒童即合唱道：

打鼓打鼓進城門。

於是乙隊兒童便從甲隊兒童的手下鑽過去。這便是三人以上遊戲時應用的。這種且演且歌的兒歌，也可以說是戲劇的起源。

三　**練習發音**　兒童初學語的時候，發音往往不能正確，非多加練習不可。練習的方法，最好是將聲音相類似的事物，聚在一處，使之時加辨別。但是這種辦法，很容易流於枯燥無味，不能得兒童的歡迎。唯有兒歌裡有許多很美妙的歌詞，不僅對於練習發音，非常注意；並且富有文學意味，迎合兒童心理，實在是兒童文學裡不可多得的一種好材料。這類兒歌又叫做「急口令」或「繞口令」，在中國兒歌中很多。如浙江杭縣的：

駝子挑了一擔螺螄，騎子騎了一匹騾子，駝子的螺螄撞啦騎子的騾子，騎子的騾子踏啦駝子的螺螄，駝子要騎子賠駝子的螺螄，騎子又要駝子賠騎子的騾子。

全歌不過六十三字，而聲音相類似的「駝子」、「螺螄」、「騎子」、「騾子」四個名詞，竟互用至二十次之多。並且假設一樁故事，使文字不至於呆笨，全歌的趣味更加濃厚。和這首歌堪相伯仲的，尚有江蘇六合縣流行的《六合縣歌》：

六合縣有個六十六歲的陸老頭，蓋了六十六間樓，買了六十六簍油，堆在六十六間樓，栽了六十六株垂楊柳，養了六十六頭牛，扣在六十六株垂楊柳。遇了一陣狂風起，吹倒了六十六間樓，翻了六十六簍油，斷了六十六株垂楊柳，打死了六十六頭牛，急煞六合縣的六十六歲的陸老頭。

四　知識的

㈠數的觀念兒童的記憶，由聽覺來的比由視覺來的強，所以有許多兒歌，便利用這一點，將兒童應具的知識灌輸給他們。例如一至十的十個數目的名稱和順序，在成人看來並不覺得困難，但在兒童初學的時候，卻不是一件容易的事。前引《一家人家》，可以為例。

㈡色彩的觀念　兒童對於色彩的興趣很強，有許多兒歌便利用這一點，將紅、黃、藍、白等字，用文藝的手段嵌在歌詞裡。如廣東的：

芽菜煮蝦公。芽菜白，蝦公紅，紅白相間在碗中；還有幾條韭菜綠蔥蔥。

㈢草木鳥獸之名　自然界中的草木鳥獸，是兒童日常耳目所接觸的東西，因之有許多兒歌是將草木鳥獸之名聯綴成的。這種聯綴而成的歌詞，論理是很容易失掉文藝的風趣，成為記帳式的文字；但是事實上卻竟大出我們的意外，不僅思想新奇，並且句調流利。這種藝術手段真令人佩服。如江蘇的：

一個大嫂上正東，碰著一園青菜成了精。青頭蘿蔔坐寶殿，紅頭蘿蔔掌正宮。河南反了白蓮藕，一封戰表進京城。豆芽菜跪倒奏一本，胡蘿蔔掛印去出征。白菜打著黃羅傘，芥菜前部作先行；小蔥使的銀戰桿，韭菜使的兩刃鋒；牛腿瓠子掌大砲，青豆角子掌火繩。只聽得，古碌碌，三聲大砲響隆隆，打得茄子滿身青，打得黃瓜一包刺，打得扁豆扯成篷，打得豆腐尿黃尿，涼粉嚇得戰兢兢。藕王一見心害怕，一頭鑽進稀泥坑。

和這首歌的命意相同的兒歌很多，如河北的《隔河看見牡丹花兒開歌》，也是很好的一個例：

隔河看見牡丹花兒開，恨不能連枝帶葉折將來。水仙花的姐，丁香化的郎，芍藥牡丹進繡房，槐花枕頭蘭菊被，臘梅花的被子鬧洋洋。清早起來賽芙蓉，梳上頭油桂花香，玉珍簪子秋海棠，身穿石榴紅大襖，雞冠裙子掃地長，紅緞小鞋扁豆花兒樣，春布裹腳牡丹花兒長。

這兩首歌是將草木之名聯綴而成。此外又有將鳥獸之名聯綴而成的，如廣東梅縣的：

白飯子，白珍珠，打扮小郎去讀書。正月去，二月歸，開擔籮篙等嫂歸。歸來花缸磨點水，鷂開水，鴨洗菜，雞公礱谷狗踏碓，狐狸燒火貓炒菜，猴哥偷食巴載。

(四)(略)

(五)含教訓意義的 這種大概是從諺語發展的。如湖北的：

慢慢耐，慢慢耐久也成功。哪有一鍬掘成井？哪有一筆畫成龍？

這首歌含有作事須具堅忍不拔的教訓。又如四川的：

星宿子，密又稀，莫笑窮人穿破衣。十個指頭有長短，山林樹木有高低。蘇家嫂，朱家妻，愛富嫌貧後悔遲。

這首歌含有反對愛富嫌貧的意義。和這首歌的意義相反的歌也很多，有一首《清明湯糰歌》，是浙江杭縣地方流行的，可以做一個例：

清明湯糰綠汪汪，蘇秦看見淚汪汪，有朝一日高官做，買些吃吃買些藏。

兒童幼時的見聞，影響於將來成人後的行為很大。兒歌為兒童日常所耳聞口習，其關係之重要，自不待言。所以一社會中流行的兒歌，富於冒險性質的，其國民亦多冒險精神；偏於利樂主義的，國民亦多利己思想。中國含有教訓意義的兒歌，其教訓究竟趨向於何方面，作者雖沒有仔細統計過，但是大概看起來，恐怕是缺乏冒險精神吧。

(六) 滑稽的 滑稽意義的兒歌也很多，如湖北的《倒唱歌》歌，內容非常詼諧：

倒唱歌，順唱歌；河裡石頭滾上坡。先養我，後生哥；爹討媽，我打鑼。家公抓周我捧盒；我走舅爺門前過，舅爺在搖我家婆。

江蘇有一首《反唱歌》歌，和這首歌的意義大約相同：

反唱歌，倒起頭。我家園裡菜吃牛，蘆花公雞咬毛狗。姐在房中頭梳手，老鼠刁著貍貓走。李家廚子殺螃蟹，鮮血淹死王三姐。

滑稽過分，很容易流於輕薄，往往嘲笑他人以為樂事。兒歌中這種不道德的歌詞也很多。兒童們以其歌詞俏皮可喜，都樂以互相傳授，為父母者，亦以遊戲之辭，無傷大雅，不加禁止。如南京嘲笑鬍鬍的歌，便是這個例：

鬍鬍姐，鬍鬍郎；鬍鬍公婆來拜見，鬍鬍嫂嫂攙進房。拜堂不用點蠟燭，一堂鬍鬍放毫光。

這類的歌各地都有，今略舉幾首，以見一斑。如湖北嘲笑矮子的《矮子矮》歌：

矮子矮，摸螃蟹。螃蟹上了坡，矮子還在河裡摸。螃蟹上了岸，矮子還在河裡站。

又如浙江杭縣嘲笑娘舅的《娘舅娘舅》歌：

娘舅娘舅，朝朝空手。喝酒像漏斗，吃飯像餓狗。吃得不夠，還要向我姆媽借當頭。

（七）其他　（以上大部分是褚先生原文。）

何德蘭《孺子歌圖》序裡說，他所蒐集的中國兒歌中，有許多事情是與英美的相通的；他舉出的是以下九種題材：一、昆蟲；二、動物；三、鳥；四、人；五、兒童；六、食物；

七、身體各部；八、動作，如拍、擰、呵癢等；九、職業、買賣、事務。——這個雖不完全，也可作一種分類論。

【遊戲歌與謎語】

弄兒之歌及遊戲歌，又可分為多種。茲據《孺子歌圖》及鍾敬文先生《兒童遊戲的歌謠》（《民間文藝叢話》）述其概略：

一　**面戲歌**　《孺子歌圖》載北京歌云：

排門兒。見人兒。聞味兒。聽聲兒。食飯兒。下扒殼兒。胳肢胳兒。

何德蘭在《中國兒童》（*The Chinese Boy and Girl*）裡說父母或乳母唱此歌時，先以手點兒前額，次眼、鼻、耳、口、頰；至末二語，則呵兒之頸云。（二十八頁）

二　**手戲歌**　前舉《蟲蟲飛》，茲再舉北京一歌：

大拇哥。二拇弟。鐘鼓樓。護國寺。小妞妞，愛聽戲。

何德蘭說父母等唱此歌時，執兒手指，依次數之。又如：

一抓金兒。二抓銀兒。三不笑，是好人兒。

是呵癢的歌，也當屬此。

三　**足戲歌**　《孺子歌圖．足五趾歌》云：

這個小牛兒吃草。這個小牛兒吃料。這個小牛兒喝水兒。這個小牛兒打滾兒。這個小牛兒竟臥著，我們打牠。

鐘先生舉黃樸所錄的漢陽的一首云：

點點腳，鞋不落。烏龍麥，種蕎麥，蕎麥開花一望白。金腳，銀腳，蓮蓬，骨頸。蔥花，皮條。叫大哥，叫三哥，拿手來，砍小腳！

原注云：群兒伸足列坐，其一人手持條，唱一句即點一腳，至砍小腳之句，則該腳即擬制的為被砍，須屈著。如是反覆，至剩一足時，則主遊戲者以雙手掩斯兒之目，其他各兒自躲藏，同時主遊戲者唱《躲緊躲》一首。

四　**動作歌**　如北京歌謠云：

噘得噘。喀得喀。你追我，我追他。（《孺子歌圖》）

這是捉迷藏的歌。又鐘先生引高要的歌謠云：

戒蓮子，戒蓮蓬，戒開蓮子把何方？何方何便去，東方東便來；九月九，齊齊樹起菊花手，請個雷公來劈金斗！

輯者原注云：這首歌的戲法，比較是有秩序和靈活些，今述其情況如次：比方有六七個孩子們，要做這個玩意時，則幾個孩兒，站在一列，一人發起拈手指，選定一個當指揮，一個當雷公，其餘四五個孩兒，齊齊整整，橫作一列。當指揮的站在隊後，當雷公的，站在隊前。橫列的孩子們，都背著手，踏著足，一齊唱起歌來。唱到「戒開蓮子」句，當指揮的暗以紙球或別物，投諸橫列孩子們的手裡。因為指揮在隊後，雷公在隊前，故雷公看不見指揮將物件放入誰人的手裡。及大家唱到「齊齊樹起菊花手」之時，一齊舉兩手立正（有時是一律舉起一手的，看先前如何訂定）。於唱「請個雷公來劈金斗」那一句，雷公近來審視，看察哪一隻手上有指揮所給予的物品。審視妥當，一手捉去。如果是沒有錯，雷公的責任完了，被捉中的那一個就做了雷公，重複這個玩耍意。如果指揮不耐煩，辭職，可以由眾再行推選。做雷公的，則不能辭職，要劈中物品，才可卸責。這首有喚起並整齊動作之用。

五　**抉擇歌**　見前。

六　**仿效人事的遊戲的歌**　鐘先生說：「兒童仿學人事的遊戲，在中國比較普通的，如搖船、進城門等，類多附有歌詞。搖船的，如：

搖大船，擺渡過。大哥船上討新婦。討個新婦會打面，打個面來細絹細。下拉鍋裡團團轉；撈拉鍋裡荷花片；吃拉嘴裡香竄竄；撒拉坑裡烏深深。鄉下人弗曉得，撈起來，晒晒乾；拿轉去，騙騙小囝囝！」

輯者原注云：凡兒歌言搖船者，均繫手接手推挽若搖船之狀時所唱。進城門的戲法，各地很不相同，但其所唱的歌謠，似乎多一種互相問答的形式。雲南昆明的一種，已見前。這類兒歌大約最多。

這類兒歌，若不知其用法，往往會當作普通兒歌。現在的普通兒歌中，必有從前是遊戲歌，今天失去意義的。

謎語是「用韻語隱射事物，兒童以及鄉民多喜互猜，以角勝負」。但在古代原始社會裡，卻更有重大的意義：「謎語解答的能否，於個人有極大的關係，生命自由與幸福之存亡，往往因此而定。」「在有史前的社會裡，謎語大約是一種智力測量的標準，裁判人運命的指針。」(以上雜引《歌謠》一文)

《歌謠》中說，謎有三種：

一　**事物謎**　此類最多，物謎尤多。前已有此種例，茲另舉如下：

大官有嘴勿肯響。(茶壺)　二官無嘴關關響。(鑼)　三官有腳勿肯走。(桌)　四官無腳到杭州。(船)

又如：

叫糖吃勿得。（家堂）叫鑼敲勿響。（飯籮）叫米勿燒飯。（凍米）叫刀勿切菜。（剪刀）

事謎如：

水對竹家親，浮家做媒人，釘家轉了腳，害了吳家一家門。（釣魚）（嘉興俗讀「吳」和「魚」同音。）

二　**字謎**　如《說文序》所罵的「馬頭人為長，人持十為斗」，便是此種。又如北方流行的「亞」字謎云：

啞子沒有口，惡人沒有心，中有十字路，四面不能行。（《歌謠》九四號）

三　**難問**　鐘先生《廣州謎語序》稱為「詰難體」。他說：這本來是山歌的一種，嚴格點說。也許應當把它歸入純歌謠範圍，但考其一問一答的情態，實是謎語的一種。我以為要恰切點，可以把它稱為「謎歌」。因為它不但押韻，而且是具有韻律可唱的。這種謎歌，吾國東南各省如江蘇、廣東、雲南等，民間都很為盛行；西北部各省，則似乎很少見到。我頗懷疑它與南部各種特殊民族的風俗有關。現拈出江蘇、雲南兩省所流行的二首作例：

一　啥人數得清天上星？啥人數得清鱖魚鱗？啥人數得清江裡浪？啥人數得清世上

人？——唱。太白金星數得清天上星。姜太公數得清鱖魚鱗。河白水三官數得清長江裡浪，閻羅王數得清世上人。——答。

二　什麼團團團上天？什麼團團海中間？什麼團團街前賣？什麼團團姊面前？——唱。月亮團團團上天。螺螄團團海中間。簸箕團團街上賣。粉盒團團姊面前。——答。

中國的謎語有與他國相同的，前已舉過。鐘先生又舉出《廣州謎語》第一首：

細時四隻腳，大來兩隻腳，老來三隻腳。（人）

說這「分明是把希臘古代傳說中司芬克斯攔路困難行人的謎改削成的」（見《歌謠》）。但這也很難說；「此心同，此理同」的事情，究竟也能有的。

【民歌】

茲以《歌謠》一文中的分類為主。

一　**情歌**　亦名戀歌。農歌、山歌、秧歌、牧歌、船歌、漁歌、樵歌、採茶歌等，凡和職業上無關係而只描寫男女愛情者，也可歸入此類。如吳歌云：

結識私情東海東，路程遙遠信難通。剛要路通花要謝，路通花謝一場空！

結識私情恩對恩，做雙快鞋送郎君；薄薄哩個底來密密哩扎，情哥郎著子腳頭輕！（《甲集》七三頁）

又如《她的意中人》女唱云：

嫁郎莫嫁讀書郎！暮暮朝朝嘆冷床。日夜相思郎唔轉；只見一堆穢衣裳。

男答云：

嫁郎愛嫁讀書郎！有理無理先生娘。有日丈夫高中轉，好好歪歪官人娘。（丘峻《情歌唱答》）

又如河南的《思夫夢醒歌》，用了許多的地名，是一首特殊的歌：

綃窗外，月正東，小奴房中冷清清；兩塊鐵馬叮噹響，小奴房中點著燈。一更一點夢中情，我往河南找永成。虞城有魚虞城過，路打柘城問汝寧。好商城，到商城，向項城；歸德府久幾不見面，陳州傷心到二更。二更哩，到永寧，雪插牌坊到偃城；相爺府，東西行，東京城裡聽三更。三更哩，到磁州，俺家衛輝淚交流，鈞州許下四更頭。四更哩，到光山，西京路上共淅川，西里有個娘娘廟，黃河兩沿缺載船。五更哩，明了天，河南八方找個遍，沒見丈夫什麼面。（《歌謠》十四）

又如《江陰船歌》云：

今朝天上滿天星，明朝落雨勿該應。我情哥出門分帶頂雨傘，一身細皮白肉也傷心。

（《歌謠》二四）

二　生活歌

（一）家庭生活歌　這種歌大抵是詠婦女的，殆多為婦女所自作。劉經菴先生有《歌謠與婦女》一書，專論此種。其範圍頗廣，茲舉其重要者論之。如婚姻、姑婦、姑嫂、妻妾、繼母、童養媳，都是常有的例子。吳歌《太太長》云：

「太太」長，「太太」短，「替嗯篤小姐做媒人。」問「便篤男家哪光景？」「開爿糧食店，標標緻致小官人，一筆寫算甚聰明。」八月廿四來送盤，十二月廿四來討小姐去。前頭一頂破涼傘，後頭兩盞破甏燈，抬到男家冷冰冰。一拜天，二拜地，三拜家堂和合神，四拜夫妻同到老。紅綠牽巾進房門，坐床，撒帳，挑方巾。新娘娘偷眼看看新官人：新剃頭來黑沉沉，眉毛好像板刷能，髭鬚好像甘蔗能，頭頸裡生滿子栗子筋。細細能一打聽，就是隔壁打米師父無錫人。害得小姐一生一世弗稱心。（《甲集》六三頁）

這是婚姻的歌。武清姑婦的歌云：

小老鴰，尾巴長，娶了媳婦忘了娘。老娘要吃焦燒餅，靡有閒錢補笊籬；媳婦要吃大秋梨，明兒後兒去趕集。打了把，削了皮，梨核兒扔在灶火裡，「老娘看見了不的」。

北京姑嫂的歌云：

紅葫蘆軋腰兒，我是爺爺的愛嬌兒，我是哥哥的親妹子，我是嫂子的氣包兒。「爺爺，爺爺陪什麼？」「大箱子、大櫃陪姑娘。」「奶奶，奶奶陪什麼？」「針錢笸籮陪姑娘。」「嫂子，嫂子陪什麼？」「破罈子，爛罐子，打發那丫頭嫁漢子！」（《歌謠》八）

又妻妾的歌云：

南山頂上草一棵，為人不說兩老婆；說的多了光打仗，打起仗來鬧呵呵。有心待把大的打，大的來得年數多；有心待把小的打，點胭脂搽粉兒來哄我。大的小的一齊打，滿家孩子亂吵窠；大的小的都不打，街坊鄰居笑話我。（同上）

又繼母的歌云：

小白菜，地裡黃，三歲兩歲離了娘。好好跟著爹爹過，又怕爹爹娶後娘。娶了後娘三年整，養了個弟弟比我強：他吃飯，我泡湯，哭哭啼啼想親娘。（同上）

又童養媳歌云：

有個大姐正十七，過了四年二十一；尋個丈夫才十歲，她比丈夫大十一。一天井臺去打

水，一頭高來一頭低，不看公婆待我好，把你推到井裡去。（同上）

此外，如湖南華容的《裹腳》也屬此類：

裹腳呀，裹腳，裹打腳，難過活。腳兒裹得小，做事不得了；腳兒裹得尖，走路只喊天；一走，一蹩，只把男人做靠身磚。

（二）社會生活歌　如北京歌謠云：

出了門兒，陰了天兒；抱著肩兒，進茶館兒；靠爐臺兒，找個朋友尋倆錢兒。出茶館兒，飛雪花兒；老天爺，竟和窮人鬧著玩兒！（韋大列《北京歌唱》）

江蘇漣水有《賣貨郎》歌云：

賣貨郎，無事不到我大莊。今兒到我莊，買你篦子七八張；買你大針衲大底，買你二號針搗櫻桃，買你三號針灑翠花；買你膏粉搽白臉，買你胭脂淡嘴唇。七買七件小紅襖，八買飄羅帶，九買小羅裙，十買十根小花針。（《歌謠》二二）

這都是詠社會上或一種人的。又詠風俗的歌也當屬此，如北京的婚姻歌云：

娶媳婦兒的門口兒過：宮燈、戳燈十二個，旗、鑼、傘、扇站兩旁，八個鼓手作細樂。轎子抬著姑娘走，抬到婆家大門口；進門兒，入洞房，去會小新郎。過了三年並二載，丫

頭、小子沒處兒擺！（《歌謠》五七）

又如朱天民《各省童謠集》所載《新年》云：

新年來到，糖糕祭灶。姑娘要花，小子要炮，老頭子要戴新呢帽，老婆子要吃大花糕。

(三) 職業歌　茲舉數例於下，以涉及職業的為主：

甲　農歌　《豳風七月》即是此種。安福十二月歌云：

正月冬冬乓。二月滿隴青。三月細細過。四月有麥熟。……六月有登圃。七月檢棉花。八月朝菩薩。九月收蕎麥。十月有豆吃。十一月做整錢。十二月好過年。（《歌謠》二二）

乙　漁歌　如雲南的：

爹爹呀，拿著小魚鍋中煎，拿著大魚街前賣；賣了買兩條好篾帶點老草煙。（《歌謠》四九）

丙　船歌　如江陰船歌：

新打大船出大蕩，大蕩河裡好風光。船要風光雙支櫓。姐要風光結識兩個郎。（《歌謠》二四）

丁　樵歌　如嘉應樵歌：

碟子種蔥綠分淺，匾柴燒火炭摩圓；啞子食著單隻筷，心想成雙口難言。（《歌謠》十四）

戊　採茶歌　如貴州鰼水《採茶歌》云：

三月採茶茶葉青，奴在家中織手巾；中間織起茶花朵，兩頭織起採茶人。（《歌謠》五）

己　商人歌　如雲南的：

行商做賈，賣點水豆腐。哪日時運來？銀子不用等福，銅元錮錢不使手數。（《歌謠》四九）

庚　軍人歌　如雲南的：

當兵好，當兵樂，出出進進奏軍樂。一下一下升大了，全靠我家祖宗三代保佑著。（同上）

三　**滑稽歌**　可分嘲笑的、顛倒的、趁韻的三種；兒歌中尚有咒罵的一種。兒歌中頗多滑稽歌，前已述及。大約因為兒童們沒有什麼顧忌，所以多一四兩種；又因為他們思想不發達，所以也多二三兩種吧。茲取不類兒歌者為例：

（一）嘲笑的　吳立模先生有《蘇州的嘲笑詛罵的歌謠》一文（《歌謠》五三），其中的分類我覺得有些可以一般地應用。現在參酌用之，暫定嘲笑的歌謠為三類：

甲　關於形貌方面的　如吳歌嘲面麻云：

雞啄西瓜皮。翻轉石榴皮。雨落灰堆裡。釘鞋踏爛泥。（見吳先生文中，下同。）

又嘲瞎子云：

瞎子瞎連牽，拾著一個小銅細，買對瞎蠟燭，點拉瞎門前，撥拉瞎風吹隱子，瞎得勿能點。

又嘲肥人云：

肥，虛氣，臭肚皮。容易出蛆。馬怕，狗歡喜。施棺材壓脫底。拖壞牢洞重新砌。

這是一首通俗的寶塔詩。

乙　關於職業的　如嘲笑賣青鹽豆腐乾的云：

青鹽豆腐乾，今年賣勿完；賣到開年二月半，還剩一擔豆腐乾。

這是模仿賣青鹽豆腐乾的叫賣的聲調。

丙　關於家庭的　如陝西的《紅纓桃》云：

這山更比那山高，那山一樹紅櫻桃。哥哥擔水妹妹澆，賣下錢了娶嫂嫂。娶下嫂嫂巧的

太，三天上一褲子腰。（《歌謠》六）

又如河南鄧縣《懶婆娘》云：

懶婆娘，懶的慣，成日不做針和線。針線筐，雞下蛋；鍋臺螞蟻連成串。（《歌謠》十七）

（二）顛倒的　如湖南龍山的《扯謊歌》云：

自從未唱扯謊歌，風吹石頭滾上坡。去時看見牛生蛋，轉來看見馬長角。四兩棉花沉了水，一副磨子泅過河。（《歌謠》二一）

（三）趁韻的　如《各省童謠集》所載《麻野雀》云：

麻野雀，就地滾，打的丈夫去買粉。買上粉來她不搽，打的丈夫去買麻。買上麻來她不搓，打的丈夫去買鍋。買上鍋來她嫌小，打的丈夫去買棗。買上棗來她嫌紅，打的丈夫去買繩。買上繩來她上吊，急的丈夫雙腳跳。

這一首文字上雖有聯絡，論理上卻無聯絡，所以只是一首滑稽的趁韻歌。

四　敘事歌

（一）故事歌　口傳的歌謠中，這種極少，正如中國詩歌缺少敘事詩一樣。但唱本中卻有。茲引河南唱本《孟姜女哭宛城》為例，其第一段云：

說賢良來道賢良，欲知賢良住哪方。有一人姓許稱員外，江寧縣的有家鄉。老員外騾馬成群牛羊廣，樓房瓦舍明晃晃。他田地千頃無兒子，缺少墳前拜孝郎。老員外濟福好行善，修橋補路舍藥方，五黃六月舍茶水，冬舍棉衣夏舍單。老員外行善多許久，天生一女占了房。三天抱出起名諱，他與小姐認乾娘，他爹姓許來娘姓孟，認了個乾娘本姓姜，按著三姓起名諱，取名就叫許孟姜。（《歌謠》七六）

孟姜女的故事是個極大的故事；敘述它的唱本怕不在少。

（二）即事歌　前章所舉《電車十怕》，即屬此種。又如民國初元，有關於剪髮的三種歌，其一云：

宣統番燒，小禿子要挨刀。（《歌謠》四七，下同）

這是一種愚頑的保守的心理的表現。同時有一首相反的歌：

宣統退位，家家都有和尚睡。

這是另一面的開通的心理。那時這兩種心理都有相當的勢力。後來大局定了，剪髮已不成問題了，卻仍有歌云：

大總統，瞎胡鬧，一幫和尚沒有廟。

這只是嘲笑剪髮的人，聊以洩憤而已。

（三）景緻歌　這種雖與敘事略有分別，但性質仍可說是相同的。小曲中多此種，如《民歌研究的片面》中所舉《杭州景緻》第一段云：

閒暇無正經呀，唱支杭州景。杭州格景緻多得無淘成呀。目今沒，不比格是前清呀。諸公那的先聽沒杭州十城門。

五　儀式歌

（一）蝦辭　這是魏建功先生定的名字。他說他們家鄉如皋「有一種風俗，凡在每件喜事──嫁娶、建築，……和特別的時節──當然是新年──都有說『蝦辭』的習慣。說『蝦辭』的人都是男女傭工、喜娘、『盤頭』、匠人，其意在說幾句吉利話，討主人的歡喜，好得幾個賞錢。但是人們有時單獨的也說，那不過是為自己的吉祥。『蝦辭』的語句，自然是葉韻的，隨口說出，滔滔不絕……其內容不外發財、多子孫、做官、長生不死」（《歌謠》七二）。他說的情形，大概各處都有的。如結婚時「撒帳」的儀式本「是為避煞而有的，也是為多子與長命的祝禱而有的」（《吳歌甲集》一四二）。劉策奇先生述廣西象縣的撒帳儀式云：新娘進新房後，就同新郎在新房窗前「拜米斗」（以一斗盛米，上置銅錢一吊〔千文〕，插尺子一枝，紅燭一對，線香九枝），「交拜」，「食交杯酒」，新郎扯米斗上之尺，掀開新娘蓋頭之紅布置床頂，順手打新娘三下，眾人擁他和她去「坐床」。拜米斗時之祭品，食交杯酒之下酒物，就是女家備來的一個「全盒」，內裝瓜子、落花生、龍眼、荔枝……。坐床後，由一好命的（有錢、有子孫、夫婦尚成雙的）婦人，將全盒內之瓜子撒播於新床四面，引誘一班小孩上床搶奪，以增熱鬧。當播撒時，也要說些嘏辭（即是吉利語），如：

撒帳東，床頭一對好芙蓉。撒帳西，床頭一對好金雞。撒帳北，兒孫容易得。撒帳南，兒孫不打難。……五男二女，七子團圓；床上睡不了，床下打鋪連；床上撒尿，床下撐船。

這「完全是多子的祝禱了」（同上一四二、一四三）。又如魏先生所說，舊曆元旦女工掃地，起初三下都向門裡掃，誦歌云：

掃金，二掃銀，三掃聚寶盆。

（二）訣術歌　這似乎是鐘敬文先生定的名字。以禁厭歌為多，尤以關於兒童的流行最多。如黃詔年先生《孩子們的歌聲》裡所載的：

拍拍胸，三年不傷風。拍拍背，十年不生瘰。摩摩頭，保養腦子想理由。

又如南陽的一首：

揉揉疙瘂散，別教老娘見。老娘見了一大片。（《歌謠》六五）

這是小孩子摔了跟頭，跌起疙瘂，給他揉的人口裡說的。又如劉策奇先生所引治魚骨歌及說明云：「小兒食魚，每每被魚刺（即魚骨）卡喉（即梗塞）。倘遇此不幸之事，可將飯一團，以食指在上面畫一井字，一邊畫一邊唱（即畫一筆唱一句）：

橫畫，直畫；即食，即下。

將它給患者食，可把魚刺一齊吞下，靈驗非常。」（《歌謠》七四）

這是附帶著一種方術的。還有寫在紙上的，也當屬此。又如小兒夜啼，家裡人就用紅紙寫上下面一歌，待至更深夜靜，乘人不知，貼在通衢大道的樹上或牆上。

天皇皇，地皇皇；我家有個哭夜郎。行路君子念三遍，一覺睡到大天亮。（《歌謠》七四）

此外不關兒童的，如魏建功先生所舉的，患傷風者在紙上寫下下面兩句，讓人看了，他便會好了：

上洋新到重傷風，一看就成功。（《歌謠》六五）

又如陰曆五月五日，人往往在紙上寫上下面兩句，貼在牆上，以為禁厭：

五月五日午時送百蟲，一送影無蹤。（同上）

這一類的歌謠，或名為「醫事的歌謠」，或名為「迷信的術語」，或名為「奶母經」；末一種是專指關於兒童的那些而言。

六　猥褻歌　民國十二年十二月十七日出版的《歌謠紀念增刊》上有〈猥褻歌謠〉一文，說「算作蒐集這類歌謠的一張廣告」。又說：「非習慣地說及性的事實者為猥褻。在這範圍內，包有四個項目，即一、私情，二、性交，三、肢體，四、排泄。有些學者如德國的福克斯（Fuchs），把前三者稱為『色情的』，而以第四專屬於『猥褻的』，以為這正與原義密合。但平常總是不分，因為普通對於排泄作用的觀念，也大抵帶有色情的分子，並不只是汙穢。」第一種可入情歌類，餘下還有三類；據現在所知，大概只有小曲裡有這些：

（一）關於性交的歌　如《民歌研究的片面》中所舉《打牙牌》、《洗菜心》、《摘黃瓜》、《姑娘賣花鞋》等。

（二）關於肢體的歌　如《十八摸》。

（三）關於排泄的歌　如《民歌研究的片面》裡所舉的《蹧蹋五更調》。

七　勸戒歌　如前所舉褚東郊先生文中，「含教訓意義的」歌，即應入此類。又第二章中說及的「佛偈子」，有些也當屬此。

四　歌謠的分類

以上的分類是以近代歌謠為準。因為古歌謠留存的太少；而且往往是為了適合歷史的和占驗的目的，才被收錄的。但這些分類法，也只能做一種參考；常惠先生說得好，「我們研究歌謠，要就歌謠來論歌謠」（《歌謠》十七）。現在已經蒐集、整理的歌謠還不多，完密的分類是還做不到的。

五　歌謠的結構

【重疊的表現法】

清水先生《談談重疊的故事》裡說：「婦人與兒童，都是很喜歡說重疊話的，他們能於重疊話中每句說話的腔調高低都不相同，如唱歌吟詩般的道出來，煞是好聽。」（《民俗》廿一、廿二期合刊）

顧頡剛先生在《論詩經所錄全為樂歌》（上）裡也說：「對山歌因問作答，非復沓不可。……兒歌注重於說話的練習、事物的記憶與滑稽的趣味，所以也有復沓的需要。」（《北京大學研究所國學門週刊》十）鐘敬文先生研究所收集的《歌》，說：「這種歌每首都有兩章以上復疊的，全部幾乎沒有例外。……這種歌的迴環復沓，不是一個人自己的疊唱，而是兩人以上的和唱，我又想到對歌合唱，是原人或文化半開的民族所必有的風俗，如水上的疍民。山居的客人，現在都盛行著這種風氣，而造成了許多章段復疊的歌謠。」（《民間文藝叢話》

一四五頁）

這似乎與第二章裡所引 Grimm 說有些相像。在英吉利蘇格蘭的歌謠裡，這種表現法也是最重要的表現法，和在我們的歌謠裡一樣。關於這種表現法，有許多議論。現在只舉 Pound 一說，以供參考；她論重章云：「一般民歌都有重章疊句，這極像是因民眾保存而發展的結果，不是各歌的本形。……重章易於記憶，且極便民眾參加歌唱。」（原書一三五頁）

這樣說，重疊不像是原始的東西了；這與 Gummere 等正宗的說法及鐘先生之意，都不相合的。而顧頡剛先生還有一個很不同的意見，他說：「樂歌是樂工為了職業而編制的，他看樂譜的規律比內心的情緒更重要；他為聽者計，所以需要整齊的歌詞而奏復沓的樂調。他的復沓並不是他的內心情緒必要他再三詠嘆，乃是出於奏樂時的不得已。」（《北大國學門週刊》十）他又說：「徒歌是民眾為了發洩內心的情緒而作的；他並不為聽眾計，所以沒有一定的形式。他如因情緒的不得已而再三詠嘆以至有復沓的章句時，也沒有極整齊的格調。」（同上）他依據種種材料，得出上面的結論；這樣斷定「《詩經》所錄全為樂歌。」

以上所論，可綜為三說：一、重疊是個人的創作；二、它是合唱的結果；三、它是樂工所編制。關於末一說，我要指出，Gummere 等的學說是恰相反的。Witham 說和聲是「群眾的證據」。但許多古敘事歌裡，怎麼卻沒有疊句呢？她以為敘事歌的結構在進化時，將它失掉了。她說：「合唱衰微，單獨的歌者得勢時，合唱的要素——和曲——就漸漸失其效用了。他們愛唱不唱……再後來記載盛而口傳衰，敘事歌便只留著那敘述的部分；疊句則因為妨礙故事的發展，漸漸地淘汰了。」她說重章在敘事歌中更為普遍，因此消滅也較緩些。

我於一、二兩說，以為都能言之成理，但於三說則很難相信。Witham 所說固可供我們參考，而近代的歌謠以至故事中重疊表現法之多（看清水先生《談談重疊的故事》），更足為我們佐證。（參看第三章）

【重疊的格式】

茲就今所知者，按照論理的順序，列舉如下。其時代的先後，則無從詳考，姑從闕略。

一　**無意義的重疊**　最早的及最簡單的歌謠，如舞曲及兒童遊戲歌，多是此種重疊；全以聲為用，大約只用極少幾個字，反覆成篇。如《樂府》五十四所載《巾舞歌詩》古辭云：

吾不見公莫時吾何嬰公來嬰姥時吾哺聲何為茂時為來嬰當恩吾明月之土轉起吾何嬰土來嬰轉去吾哺聲何為土轉南來嬰當去吾城上羊下食草吾何嬰下來吾食草吾哺聲汝何三年針縮何來嬰吾亦老吾平平門淫涕下吾何嬰何來嬰涕下吾哺聲昔結吾馬客來嬰吾當行吾度四州洛四海

吾何嬰海何來嬰四海吾哺聲熇西馬頭香來嬰吾洛道吾治五丈度汲水吾噫邪哺誰當求兒母何意零邪錢健步哺誰當吾求兒母何吾哺聲三針一發交時還弩心意何零意弩心遙來嬰弩心哺聲復相頭巾意何零何邪相哺頭巾相吾來嬰頭巾母何何吾復來推排意何零相哺推相來嬰推非母何吾復車輪意何零子以邪相哺轉輪吾來嬰轉母何吾使君去時意何零子以邪使君去時使來嬰去時母何吾思君去時意何零子以邪思君去時思來嬰吾去時母何何吾吾

這是很古的一首舞曲。郭茂倩引《古今樂錄》，說是「訛異不可解」。徐嘉瑞先生說，「全篇都是以聲組成，十分調合。……好像一調音樂譜。」（《中古文學概論》一三六頁）又如開封有一首歌云：

腰呀，腰呀，腰呀，梅。（《歌謠》三十）

大約是兒童遊戲歌，但已不詳其戲法，因而便全不可解了。這種歌用以幫助與節制動作，所以全然不重意義。

二　**重章疊句**　古今歌謠，最多此種。這又可分為三類：

（一）復沓格　這完全是聲的關係，為重疊而重疊，別無旨趣可言。詩三百篇中，此類甚多。如《鄘風．桑中》云：

爰采唐（麥，葑）矣，沬之鄉（北，東）矣。云誰之思？美孟姜（弋，庸）矣！期我乎桑中，要我乎上宮，送我乎淇之上矣！

顧頡剛先生說：「這是一首情歌，但三章分屬在三個女子，……而所期、所要、所送的地點，乃是完全一致的。……況且姜、弋、庸都是貴族女子的姓（姜為齊國貴族的姓；弋即姒，為莒國貴族的姓；庸為衛國貴族的姓。錢大聽說），是否這三國的貴族女子會得同戀一個男子，同到衛國的桑中和上宮去約會，同到淇水之上去送情郎？這似乎……是不會有的事實」（《北京大學國學門週刊》十一）。我以為這三個女子名字，確是只為了押韻的關係；但我相信這首歌所以要三疊，還是歌者情感的關係，並非樂工編制。他心裡有一個愛著的或思慕的女子，反覆歌詠，以寫其懷。那三個名字，或者只有一個是真的，或者全不是真的——他用了三個理想的大家小姐的名字，許只是「代表」他心目中的一個女子。

近代歌謠中，這種也不少。又如《鶉之奔奔》云：

鶉之奔奔，鵲之彊彊。人之無良，我以為兄！

鵲之彊彊，鶉之奔奔。人之無良，我以為君！

這裡第二章首二句只將第一章首二句顛倒一下，是復沓的又一格。

有些歌謠雖也用此格，卻不如此完全與整齊。往往數章中只復沓一二章，如前舉《卷耳》的中二章便是。或只在一二章內復沓一二句，如《詩．召南．何彼襛矣》共三章，只前二章首句俱作「何彼穠矣」，餘都不重疊。又如《邶風．擊鼓》共五章，只末章是重疊的表現：

於嗟闊兮，不我活兮！於嗟洵兮，不我信兮！

這便只能算是疊句了，其純為疊句的，如《孺子歌圖》四二頁所載一歌云：

拉拉黑豆，拉拉黃豆，點燈沒日頭。

前兩行只有一字不同。又同書四三頁歌云：

玲瓏塔，塔玲瓏，玲瓏寶塔十三層。

前兩行是顛倒的重疊（非回文），後一行仍重疊前兩行，但加了些意思，將句子拉長了。

又如《召南．江有汜》首章云：

江有汜。之子歸，不我以；不我以，其後也悔！

兩句「不我以」完全重疊，與上又微異。

（二）遞進式　遞進是指程度的深淺、次序的進退而言（看《歌謠》四一）。但我雖用遞進稱這一式，卻不能嚴格地解釋；只這一式重疊到末一次，必有一個極點或轉機，是它的特色。《詩．鄭風》中的《將仲子》，便是一例。茲舉績溪的《紅云嫁黑云》一首：

紅云嫁黑云，一嫁，嫁到頭重門；一碰，碰著丈人親：你家女兒有個病。我家女兒什麼病？抬起頭來頭痛病，低倒頭來就發暈，三餐茶飯不般勤，接你丈人遞茶遞水實般勤。丈人是個種田人，離不得，種田門。

一嫁，嫁到二重門；一碰，碰著丈母親：你家女兒有個病。我家女兒什麼病？抬起頭來頭痛病，低倒頭來就發暈，三餐茶飯不般勤，接你丈母遞茶遞水實般勤。丈母是個管家人，離不得，管家門。

一嫁，嫁到三重門；一碰，碰著舅舅親：你家妹妹有個病。我家妹妹什麼病？抬起頭來頭痛病，低倒頭來就發暈，三餐茶飯不般勤，接你舅舅遞茶遞水實般勤。舅舅是個讀書人，離不得，讀書門。

一嫁，嫁到四重門；一碰，碰著舅姆親：你家姑娘有個病。我家姑娘什麼病？抬起頭來頭痛病，低倒頭來就發暈，三餐茶飯不般勤，接你舅姆遞茶遞水實般勤。舅姆是個繡花人，離不得，繡花門。

一嫁，嫁到五重門；一碰，碰到小姨親：你家姐姐有個病。我家姐姐什麼病？抬起頭來頭痛病，低倒頭來就發暈，三餐茶飯不般勤，接你小姨遞茶遞水實般勤。姐夫不嫌帶我走，梳妝打扮出房門。

小姨走出門，珠花頭髻抖伶伶。小姨行過橋，珠花頭髻抖搖搖。小姨行上嶺，珠花頭髻抖凜凜。小姨行到家，珠花頭髻抖羅羅。

騷妹妹，臭妹妹！千日萬日不到姐家來，今日空雙空手騷到姐家來。堂前三斤鎖匙四斤印，交與你騷妹妹，臭妹妹！房裡三斤鎖匙四斤印，交與你騷妹妹，臭妹妹！（《歌謠》七）

這一首裡有三種重疊的表現：前一種是遞進的，從丈人起，依次說到丈母、舅舅、舅姆、小姨，由尊而卑，由疏而親（歌意如此）；到小姨這一段，便是極點或轉機了。後二種，一是鋪陳的（見後），一是復沓的。一首歌裡有三種重疊，可見重疊對於歌的關係是怎樣密切。其數章中只重疊一二章者，如《詩．周南．關雎》云：

關關雎鳩，在河之洲；窈窕淑女，君子好逑。
參差荇菜，左右流之；窈窕淑女，寤寐求之。
求之不得，寤寐思服；悠哉悠哉，輾轉反側。
參差荇菜，左右采之；窈窕淑女，琴瑟友之。
參差荇菜，左右芼之；窈窕淑女，鐘鼓樂之。

這二、三兩章是遞進式。其只在一二章內重疊一二句的，如《詩．衛風．氓》的第三章首二語云：

桑之未落，其葉沃若。

第三章則云：

桑之落矣，其黃而隕。

其只疊句者，如歌謠云：

蒲龍子車，大馬拉，嘩啦，嘩啦，到娘家。爹出來，抱包袱；娘出來，抱娃娃；哥哥出來抱匣子；嫂嫂出來一扭撻。「嫂子，嫂子你彆扭，當天來，當天走，不吃你飯，不喝你酒。」（《歌謠》八）

這裡「爹出來」四行，也是遞進的。又如：

大禿子得病，二禿子慌。三禿子請大夫，四禿子熬薑湯。五禿子抬，六禿子埋。七禿子哭著走進來。八禿子問他「哭什麼？」「我家死了個禿乖乖，快快兒抬，快快兒埋！」

這是遞進的數字兒歌。

(三) 問答式　所謂「對山歌」的便是，這種歌因問作答，便成了重疊的形式。其一問一答的，如前所舉《啥人數得清天上星》。其用連鎖式或遞進式的問答的，蟬聯而下，可至無窮。如四川酉陽的一首云：

山歌好唱口難開。林檎好吃樹難栽。

稻米好吃田難辦。鮮魚好吃網難抬。

〔其二（問）〕

什麼人說，山歌好唱口難開？

什麼人說，林檎好吃樹難栽？

什麼人說，稻米好吃田難辦？

什麼人說，鮮魚好吃網難抬？

〔其三（答）〕

歌師傅說，山歌好唱口難開。

栽花娘說，林檎好吃樹難栽。

莊家老說，稻米好吃田難辦。

打魚郎說，鮮魚好吃網難抬。

〔其四（問）〕

哪裡得見歌師傅？

哪裡得見栽花娘？

哪裡得見莊家老？
哪裡得見打魚郎？

〔其五（答）〕

山林得見歌師傅。
花園得見栽花娘。
田中得見莊家老。
河下得見打魚郎。

〔其六（問）〕

歌師傅穿的什麼衣什麼鞋？
栽花娘穿的什麼衣什麼鞋？
莊家老穿的什麼衣什麼鞋？
打魚郎穿的什麼衣什麼鞋？

〔其七（答）〕

籠鞋蹋襪歌師傅。

鞋尖腳小栽花娘。
撈腳扎手莊家老。
伸頭縮頸打魚郎。(《歌謠》十五)

這裡第一節是用鋪陳式(見後)的重疊，引起以下三問三答，與一問一答的只有問答不同。又末節是不重疊的。又第一問與第二問是連鎖的，第三問是另起一頭。

兒歌裡的「對句」，也屬此種。如吳歌《碰碰門》云：

碰碰門。「落個？」「隔壁張小大。」「做啥？」「逗火。」「逗火做啥？」「尋引線。」「尋引線做啥？」「補叉袋。」「補叉袋做啥？」「甩石子。」「甩石子做啥？」「磨刀。」「磨刀做啥？」「劈篾。」「劈篾做啥？」「做蒸籠。」「做蒸籠做啥？」「蒸饅頭塌餅。」「蒸饅頭塌餅做啥？」「撥拉阿娘吃。」「阿娘住拉落裡？」「住拉天上。」「納亨上去？」「一步金車，一步銀車，伊哩挨拉搖上去。」「納亨下來？」「拿兩條紅綠絲線，拉阿娘奶奶頭上宕下來。」

「回個啥物事？」「回個爛橘子。」「爛橘子介？」「半路上嘴乾吃脫哉。」「核呢？」「種子樹哉。」「樹呢？」「做子扁擔哉。」「扁擔呢？」「前門撐撐，後門撐撐，撐斷哉。」「斷扁擔呢？」「燒子灰哉。」「灰呢？」「沃子田哉。」「田505呢？」「賣子銅錢銀子哉。」「銅錢銀子呢？」「討子花花新婦哉。」「花花新婦呢？」「東亦淘米，西亦汰菜，撥拉紅眼睛野貓銜子去哉。」

「紅眼睛野貓呢？」「湯罐裡偷水吃沉殺哉。」「湯罐呢？」「換糖老老換子去哉。」「換糖老老呢？」「爬牆頭看戲跌殺哉。」「啥人搭俚哭？」「蚊子嗡哩嗡哩搭俚哭。」「啥人搭俚戴孝？」「白頭公公搭俚戴孝。」「啥人搭俚扛棺材？」「長腳螞蟻扛棺材。」（《甲集》二七至三〇頁）

這歌也沒有韻，與前一首一樣，但句法是參差的。歌中分三段，用連鎖式，但與前一首又有分別。前一首四句一轉，此首則逐句蟬聯而下，可稱為「接麻式」（見後）之一種。對句也有不用問答式的，但形式仍是相似，無庸另列一類。

北京兒歌有一首云：

拍！拍！「誰呀？」「張果老哇。」「你怎麼不進來？」「怕狗咬哇。」「你胳肢窩夾著什麼？」「破皮襖哇。」「你怎麼不穿上？」「怕虱子咬哇。」「你怎麼不讓你老伴兒拿拿？」「我老伴兒死啦。」「你怎麼不哭她？」「盆兒呀！罐兒呀！我的老蒜瓣兒呀！」

常惠先生說這「是由《神仙傳》裡的《張果傳》來的，或者是張果好詼諧的緣故」（《歌謠論集》三五五、三五六頁）。這雖也用連鎖式，卻簡單得多了。

（四）對比式　這是「反覆說正反兩個意思的」（見顧先生文）。如《孟子·離婁》篇所載孔子聽孺子歌云：

滄浪之水清兮，可以濯我纓；滄浪之水濁兮，可以濯我足。

又如浙西歌云：

囡兒回娘家，骨頭散懈懈；囡兒回夫家，骨頭梢鷹架。（《民謠集》二十）

又如閩南歌云：

人喊，你也喊。人嫁娘，你嫁簡。人坐轎。你坐糞斗。人抱嬰孩，你抱個狗。人得笑，你得哭。人燒香，你燒草。人吃麵，你在毛廁裡翻筋斗。（《孩子們的歌聲》）

這是一句一疊，兩句一排，共七排，與前二首之兩句一疊，只有一排者不同。

（五）鋪陳式　這種歌小調為多。在這種歌裡，重疊只是樂調的關係，意義所關極少。各疊除首句外，都不相重複，雖各有意思，而無極點，故與復沓遞進俱異。可是前舉《太子五更轉》，卻是遞進的，那可算作例外。在這種歌裡，若從意義方面論，重疊只供鋪陳之用，與賦相似，各疊是全然平列的。有時雖有先後之序，但並無「進退」可言，與遞進自別。這一式又可分二種：

甲　有定疊式　這種常以自然的數目為疊數，所以就有限制了。如《四季相思》、《五更調》、《十二時》，《十二月》等，這些是必然的。但《四季相思》有末尾多一節者，這大概可說是尾聲了（《吳歌甲集》一六九頁）。又《十二月》也有帶閏月的。

《民歌研究的片面》裡說：「凡有自然的限制調頭，與給與限制的東西大多是沒關係的。」據我想，這種關係本來全是有的；後來流行漸久漸廣，大家只注意樂調與形式的結果，它才漸漸地從一部分小調裡消失。茲錄六朝時《西曲歌》中《月節折楊柳歌》及現行《蓮英十二月唱春》為例。

《月節折楊柳歌》：

（正月歌）春風尚蕭條，去故來入新，苦心非一朝。折楊柳。愁思滿腹中，歷亂不可數！

（二月歌）翩翩烏入鄉，道逢雙燕飛，勞君看三陽。折楊柳。寄言語儂歡，尋還不復久。

（三月歌）泛舟臨曲池，仰頭看春花，杜鵑緯林啼。折楊柳。雙下俱徘徊，我與歡共取。

（四月歌）芙蓉始懷蓮，何處覓同心，俱生世尊前。折楊柳。捻香散名花，志得長相取。

（五月歌）菰生四五尺，素身為誰珍，盛年將可惜。折楊柳。作得九子粽，思想勞歡手。

（六月歌）三伏熱如火，籠窗開北牖，與郎對榻坐。折楊柳。銅堰貯蜜漿，不用水洗溴。

（七月歌）織女游河邊，牽牛顧自嘆，一會復週年。折楊柳。攬結長命草，同心不相負。

（八月歌）迎歡裁衣裳，日月流如水，白露凝庭霜。折楊柳。夜聞搗衣聲，窈窕誰家婦？

〔九月歌〕甘菊吐黃花，非無杯觴用，當奈許寒何！折楊柳。授歡羅衣裳，含笑言不取。

〔十月歌〕大樹轉蕭索，天陰不作雨，嚴霜半夜落。折楊柳。林中與松柏，歲寒不相負。

〔十一月歌〕素雪任風流，樹木轉枯悴，松柏無所憂。折楊柳。寒衣履薄冰，歡詎知儂否？

〔十二月歌〕天寒歲欲暮，春秋及冬夏，苦心停欲度。折楊柳。沉亂枕席間，纏綿不覺久。

〔閏月歌〕成閏暑與寒，春秋補小月，念子無時閒。折楊柳。陰陽推我去，那得有定主！

（《樂府》四十九）

《蓮英十二月唱春》：

打起小鑼唱開聲，唱一隻小曲諸公聽。不唱前朝古情事，單唱閻瑞生害蓮英。

正月裡來是新春，王蓮英本是杭州人，父死來到上海地，小花園裡去做倌人。

二月裡來暖洋洋，閻瑞生堂子裡去白相，題紅館結識為恩客，借俚個鑽戒上賭場。

三月裡來是清明，江灣跑馬賭輸贏，閻瑞生去買香檳票，當鑽戒輸得乾乾淨。

四月裡來薔薇開，題紅館要討鑽戒還，逼得瑞生無主意，轉念頭想出惡計來。

五月石榴是端陽，王蓮英打扮好風光，手上鑽戒照人眼，閻瑞生看見耍出花樣。

六月裡來伏中心，閻瑞生起下了黑良心，吳方幫凶來約定，硝鏹水麻繩買端正。
七月裡鳳仙開得紅，王蓮英被騙去兜風，汽車開到徐家匯，碰著吳方兩幫凶。
八月裡來是中秋，三個凶人齊動手，蓮英嚇得魂不在，跪在塵埃哀哀求。
九月裡來是重陽，閻瑞生動手要用強，麻繩套在頭頸上，蓮英一命見閻王。
十月裡芙蓉小陽春，王蓮英陰魂轉家門，託夢告稟爺娘曉，麥田裡認屍好傷心。
十一月裡雪紛紛，徐州拿住了閻瑞生，解到了上海來歸案，吳春芳同解到新衙門。
十二月裡冷清清，新衙門判解到護軍營，閻吳同把口供認，西炮臺槍斃去吃蓮心。（《民歌研究的片面》引）

這些小調來源甚古，《五更調》前已說及。自來腔中也有這種，如前舉安福十二月歌，便是一例。兒歌亦有之。又有只唱三個月、五個月或十個月者。三月的如《孺子歌圖》（九六頁）云：

正月裡，正月正，天將黑了點上燈。二月半，人若餓了就吃飯。三月長，人要蓋房就壘牆。

這已成了疊句了。「自然的限制」最基本的自然是數字，但以數字為結構的，似乎只有疊句而無重章。前曾舉遞進的數字兒歌，茲再舉一首鋪陳的，淮安的《十個兒》云：

大兒大，說實話；不扯謊，不亂罵。
二兒二，會扯鋸；鋸得光，做隻箱。
三兒三，不好玩；冒得事，好扯淡。
四兒四，曉得事；不靠人，自照自。
五兒五，常習武；是好漢，打戰鼓。
六兒六，栽淡竹；淡竹多，筍子足。
七兒七，學做筆；賣了錢，買飯吃。
八兒八，餵鵝鴨；糞肥田，肉好吃。
九兒九，善走路；走一天，還能夠。
十兒十，把布織；織一天，幾十尺。（《童謠大觀》三冊十六頁）

這種歌也有說不清十字的。

此外如《七朵花》、《十把扇子》、《十杯酒》、《十個臺子》、《十八摸》、《念（廿）大姐》、《二十四枝花》、《三十六碼頭》、《三十六蟲名》、《六十條手巾》（看《民歌研究的片面》及《藝術三家言》中《江南民歌的分類》），也都是有定疊的。大概十數用的最多。但這些都不是「自然的限制」，所以是偶然的。

乙　無定疊式　如《四川調》、《杭州景緻》、《二姑娘倒貼》等。茲舉一首「自來腔」為例：

吃老倌，著老倌，灶裡無柴燒老倌，床裡無被蓋老倌。

此歌見《民謠集》（十三頁），原注，「老倌」丈夫也。

三　**和聲**　和聲是別人和唱或眾人合唱的句子。最早的如《詩·豳風》裡的《東山》，凡四章，每章首四語云：

我徂東山，慆慆不歸。我來自東，零雨其濛。

這很像是和聲，雖然現在還不敢說定。《漢廣》每章末四語亦同此。和聲或在歌後，或在歌前，是沒有一定的。第三章曾論及，茲不贅。

古代的和聲似乎都是有辭的。近代歌謠裡似乎很少此種；只有《歌》中還有。在某種意義上，我們也許可以說這是「合唱衰微，單獨的歌者得勢」之故吧（俱見前）。但紹興有乞人所唱歌（據《紹興歌謠》及《文學週報》孫席珍文）云：

新春大發財，元寶滾進來。順流！

大元寶，疊庫房。順流！

小元寶，買田莊。順流！

零碎銀子起樓房。順流！

今年造起前三廳。順流！
明年造起後三堂。順流！
中間造起桂花亭。順流！
桂花亭上有句話：順流！
「冬穿綾羅夏穿紗。」順流！
立起身來撈年糕。順流！
阿官狀元糕。順流！
姑娘龍鳳糕。順流！
太太福壽糕。順流！
撈起年糕八大條。順流！
丟在籃裡算頭挑。順流！
謳順流個也話好。順流！

「順流」二字或者也是和聲，至少亦是和聲的遺形。又廣東興寧客家有一種三句半的歌謠，前面常有一起句云：

「竹葉撐船瀟灑子，」

也是此種。又第二章中所舉的佛偈子，末語云：

「佛唉那唉阿彌陀，」

也當是摹仿和曲的。此外尚有一種有聲無辭的和曲的遺形，如唐梨園歌中之「囉哩」，似乎即此種。又如有些疍歌句末的「羅」字也是的。鐘敬文先生說「羅」字與古歌謠中的「兮」字，楚辭中的「些」字同類，茲舉一例：

兄當著東妹著西。羅。
父母嚴硬唔敢來。羅。
十二精神帶兄去。羅。
唔知親兄知唔知？羅。（《民間文藝叢話》四、五頁）

四 回文 歌謠裡這種極少，現在只知道兩三個例子，全是兒歌。一是蘇州的歌謠：

矮
矮子，
子矮。
矮子肚，
肚子矮。

矮子肚裡，
裡肚子矮。
矮子肚裡膈，
膈裡肚子矮。
矮子肚裡膈，
膈裡肚子矮。
矮子肚裡膈多，
多膈裡肚子矮。（《歌謠》五三）

這裡所謂「往來讀」的回文歌。又是寶塔歌。現行寶塔歌，多每句遞加一字，這首除一字句只有一句外，二字至七字句都各有兩句。這種形式較現行的為古，唐元稹即有此種詩，可作一證。又此歌不但回文，並且疊字之法兼復沓與遞進兩種。這是很怪的一首歌。又數字歌云：

一。
一二，
二一。

一二三，
三二一。
一二三四，
四三二一。
一二三四五，
五四三二一。
一二三四五六，
六五四三二一。
一二三四五六七，
七六五四三二一。
一二三四五六七八，
八七六五四三二一。
一二三四五六七八九，
九八七六五四三二一。
一二三四五六七八九十，

十九八七六五四三二一。

這首歌據我所知，許多地方都有的。這首歌形式與上一首完全相同。我疑心它的來源甚古，或是一切寶塔詩的總來源頭，也未可知。這首數字歌還有一種，較為複雜，如下：

一二
二一
一
一二三
三二一
二一
一
……（以下類推）

但是這種完全而整齊的回文，歌謠中雖然很少，不甚完全整齊的卻甚常見，如前舉《玲瓏》一首便是。又如《情歌唱答》中一首云：

麼伴來來麼伴來，深山老虎叫哀哀。山深老虎哀哀叫，舍情唔得掛命來！

五　接麻　江浙有一種遊戲，叫做「接麻」。其戲法：如甲說「燈」，乙即說「燈亮」；甲接說「亮光」，乙再接說「光面」；甲接說「面孔白」，乙再接說「白紙」。如此可至無窮，以敏捷自然為勝；字數不拘，又可用諧聲字。兒歌中有一種重疊的方式，與此相類，不知是出自這種遊戲否。酒令中亦有此種。茲分為數種論之：

（一）接一字式 如《孩子們的歌聲》中之四五云：

節節糕，糖炒。
牙排鑼鼓抬敲；
敲，敲，敲煙囪；
囪，囪，蔥管糖；
糖，糖，糖貨攤；
攤，攤，攤膏藥；
藥，藥，岳先生；
生，生，生梅毒；
毒，毒，讀文章；
章，章，掌鼓板；
板，板，扳鯉魚；

魚，魚，魚肚腸；
腸，腸，長竹竿；
竿，竿，趕洪水；
水，水，數番餅；
餅，餅，燒餅店；
武松打虎跳，
姆媽吃些呀！（五六、五七頁）

這是杭州一首歌謠。雖只接一字，卻重疊三次。所接的字，有時用諧音字，如「岳」與「藥」便是。所接之字，皆在句尾，接它之字，皆在句頭；唯「餅，餅，燒餅店」，第三「餅」字在句中，稍異。又吳歌云：

頭頭利市。寺裡燒香。鄉下小干。干屎練頭。（《甲集》三六頁）

這首歌的接字完全取諧音字。

(二)接二字式如《月光光》云：

月光光，照地塘；年卅晚，摘檳榔；檳榔香，摘子薑；子薑辣，買葡突；葡突苦，買豬肚；豬肚肥，買牛皮；牛皮薄，買菱角；菱角尖，買馬鞭；馬鞭長，起屋梁；屋梁高，買張刀；刀切菜，買籮蓋；籮蓋圓，買隻船；船漏底，沉死兩個番鬼仔：一個蒲頭，一個沉底，一個匿埋門扇底，惡惡食孖油炸燴。（《廣州兒歌甲集》一頁）

歌中「刀」「船」仍只接一字，餘均接二字。這種原始的作品本不可嚴格論的。這是順接法，還有倒接的，如閩南歌云：

青盲！青盲！行路到淡：日頭昧暗，先去煮鑾；鑾煮昧熟，趕去煮肉，肉煮昧爛，就去拍啖；拍啖昧完，跑去關門；關門昧密，逐去攝賊；攝賊伏著，仗去抱石；石抱不起，乞賊拍死。（《孩子們的歌聲》三一頁）

「鑾煮」、「肉煮」、「石抱」，都是倒接法。這都因語言之自然，並非有意如此，所以沒有一律的條例可尋。

以上都是句尾句頭相接式，可以叫做銜尾式。還有一種句尾句腹相接法，可以叫做斷續式。如昆明歌云：

小紅孩，也怪好，倒被稀泥滑倒了。稀泥稀泥也怪好，出一顆太陽晒乾了。太陽太陽也怪好，來片雲彩遮住了。雲彩雲彩也怪好，一陣大風颳散了。大風大風也怪好，築起牆頭擋住了。牆頭牆頭也怪好，老鼠把它鑽透了。老鼠老鼠也怪好，貍貓把牠捉住了。（《孩子們的歌聲》三四頁）

這首歌一面又用了鋪陳式的重疊。其接法除為斷續式外，還有一點可注意：它接字的一句，將所接的二字重言一次，與《節節糕》一首相似。又有一種分接式，將所接之字拆開了接，如前所舉《麻野雀歌》便是，那首歌又是遞進的重疊式。

(三) 對字式　吳興《月光光》歌云：

月光光，光亮亮，頭梳篦子給娘娘，娘好，爹好，打雙糢面給兄嫂。兄嫂踏一腳，踏扁變隻鴨。鴨何用？鴨生卵。卵何用？卵客吃。客何用？客擔油。油何用？油點燈。燈何用？燈陪月。月何用？月上山。山何用？山生草。草何用？草牛吃。牛何用？牛耕田。田何用？田種穀。谷何用？谷人吃。人何用？人傳種。（《孩子們的歌聲》九十、九一頁）

這與前引《月光光》明是同一母題的轉變，但從其形式論，確已與那首不同。這因它用了問答的形式。從此再進一步，便是純粹的對字了，如：

「倷姓啥？」「我姓白。」「白啥個？」「白牡丹。」「丹啥個？」「丹心軸。」「軸啥個？」「軸子。」「子啥個？」「紙燈籠。」「籠啥個？」「龍爪蔥。」「蔥啥個？」「聰明智慧。」「慧啥個？」「衛太監。」「監啥個？」「橄欖。」「欖啥個？」「藍采和。」「和啥個？」「何先生。」「生啥個？」「生薑。」「姜啥個？」「姜太公。」「公啥個？」「貢手爐。」「爐啥個？」「路頭。」「頭啥個？」「頭髮。」「發啥個？」「法師。」「師啥個？」「司徒，司空，兩條蛔蟲——撥倷吃子弗傷風！」

（《吳歌甲集》三二至三四頁）

這裡也用了許多諧音的接字。

前舉《進城門》（一四三）一首，亦當屬此式，但較複雜。第一二兩問答，似是連鎖式的對句而其實不是，因為並不接字。第三問以下，全為接麻式，但接句尾之字者極少，接句頭之字者最多；「什麼連」一問，更是接句腰的字的。

以上接字的部分，俱在中間，另裝上一個頭一個尾。這種其實也是問答式，但並不是連鎖的，又較有規則，與本條（一）為近，故列為一類。

六　疊字　此所謂疊字，指一歌中各句或有些句均疊一或數字而言。這顯然是聲音的關係，或為幫助兒童記憶起見，亦未可知；因為兒歌中此種甚多。

（一）句頭疊字　如巴縣兒歌云：

小板凳，搭高臺。媽媽家，過禮來。八對雞，八對鴨，八封餅子，八封茶。（《孩子們的歌聲》十頁）

末四句句首疊一「八」字。

（二）句中疊字　如吳歌《天上七簇星》云：

天上七簇星，地上七塊冰，臺上七盞燈，樹上七隻鶯，牆上七支釘。

杏化杏化拔脫七支釘，汗鼠汗鼠趕脫七隻鶯，平林碰冷蹈碎七塊冰，一陣風來吹隱七盞燈——行子烏雲遮子星。（《甲集》二六頁）

除末句外，每句倒第三字，皆為「七」字。又此歌兩疊，屬遞進式。

（三）句末疊字　如吳歌《小麻子》云：

小麻子，吃粽子。打碎一隻小盆子，拾著一粒西瓜子。炒炒一鑊子，撒撒一褲子。陽城湖裡去汰褲子，碰著一個洋鬼子，一打打子三棍子。（《甲集》四九頁）

每句之末，皆用帶語尾「子」字的詞兒，其用與疊字同。

（四）全篇疊字　如前舉《六合縣歌》，全用「六」字成篇。又南京嘲笑鬎鬁的歌，每句皆疊鬎鬁二字。又那《急口令》中「駝子」、「鬍子」，各疊六次，「螺螄」、「騾子」各疊四次；也當屬此種，雖然還有諧音的關係在內。但這些都是兒歌，茲再舉情歌為例：

〔女唱〕一日唔見涯心肝，唔見心肝心不安！唔見心肝心肝脫，一見心肝脫心肝！

〔男答〕閒來麼事想心肝，緊想心肝緊不安！我想心肝心肝想，正是心肝想心肝！（《情歌唱答》下卷一頁）

【其他的表現法】

中國歌謠的結構，賦敘（包括無定式的問答而言）實為正宗，但賦敘無確定的形式可言。有形式可言的，重疊是大宗。此外還有幾種如下：

一　**倡和**　《詩．鄭風．蘀兮》云：

「兮，兮，風其吹女。」「叔兮，伯兮，倡，予和女！」

「兮，兮，風其漂女。」「叔兮，伯兮，倡，予要女！」

這是很古的倡和的例子。倡和與問答式不同的：（一）問答式全為兒歌。（二）問答式本是兩人問答，但有時也可由一人自問自答，仍保存著兩人相對的形式；倡和則全為民歌；又非兩人相對，是不成其為倡和的。（三）問答式以重疊為主，而倡和不盡然。茲舉《情歌唱答》中《贈物》為例：

〔女唱〕新買扇子七寸長，一心買來送親郎。囑咐親郎莫跌黑，兩人睡目好撥涼。

〔男答〕妹送扇子哥撥涼，難為妹妹個心腸。雖然物少人意重，算妹有心念著郎。

這種倡和的另一面便是競歌，客族中盛行此俗。前述劉三妹傳說，即以此為背景。許厚基先生《越秀山麓客民唱山歌的風俗》一文云：廣州市越秀山麓一帶的地方，大部分是客籍人所居住的。客籍人有一種風俗，很有可記述的價值的，就是在中秋月明之夜，彼此相約登越秀山唱山歌，婦女們或者不登山，就在巷口或門前，引吭高歌，歌聲清朗絕倫，聞於數里。在中秋節的前後，一到東山月上之時，就聽得山歌的聲音，遠近間作，十五、十六兩夕，因為有團圓的月亮，唱山歌的人，竟直通宵不寐。這裡一群裡頭有人唱了，別處一群裡頭就有人譜著他的歌調來和他。所和的或是嘲諷，或是讚美，但無論是嘲諷好、讚美好，都有勝負之分。換一句話說，就是一種有音韻的舌戰罷了。有同性相戰，又有異性相戰；有個人相戰，又有團體相戰。或初起時本來是個人相戰，不久就雙方各增至十餘人，很像兩軍對壘，互相增援一般。戰勝的昂首高歌，戰敗的噤聲逃去。有時男子與女子唱得情投意合，往往因跟著央媒人說合，就此成婚。也有的因為譏諷太過，大家都激出火性來，就由舌戰而變為石戰，打作一團，發生很大的危險。這種風俗，和苗人的跳月，大約相似。現在我抄一首男女互答的歌詞，和一首挑戰的歌詞。（《民間文藝》第二期）

一〔女唱〕唔使看羅，老弟！好極都是人家妻，我是月中丹桂女，誰人踏得敢高梯？
〔男答〕唔是看你呵，阿妹！郎的心在妹深閨。我是玉皇第三子，腳踏青雲捧月歸。

二〔挑戰歌〕你唱歌不似唱歌聲，好似田雞蛤母聲。不好被哥捉呀到，菜刀斬來無放輕。

這裡可注意的有三點：（一）競歌是選擇婚姻對手的方法。（二）不限於情歌，同性間亦有之。（三）競歌時所唱，由個人隨時製作。但這種製作，是從舊傳的歌謠裡摘出來雜湊成的，並非創作，仍是沒有個性，與詩不同。四川也有相似的風俗。劉達九先生《從採集歌謠得來的經驗和佛偈子的介紹》文中說：「某天跟我間壁的牧童在山上割草，恰好對山也來了幾個割草的。我顯著害羞唱道：

你的山歌沒得我的山歌多，我的山歌幾籮篼。籮篼底下幾個洞，唱的沒得漏的多。

「箭不虛發」，這首山歌竟至生效了。對山的牧童繼著唱道：

你的山歌沒得我的山歌多，我的山歌牛毛多。唱了三年三個月，還沒有唱完牛耳朵。

我同伴的牧童唱道：

大田栽秧行對行，一對秧雞來歇涼。秧雞要找秧雞飯，唱歌要找唱歌郎。

又一個牧童唱道：

黑漆朝門大打開，唱歌老師請進來。端把椅子當堂坐，一個一首唱起來。

從我們接火以後，就大戰起來了。」（《歌謠紀念增刊》）

倡和仍重在重疊；但不一定是詞句重疊，意思重疊的也很多。又和與倡有違有順，競歌時意在挑戰，大抵是相違的。茲分別論之：

(一)全重式　如《情歌唱答》中《舉子別妻》云：

〔男唱〕新買葵扇畫枝花，囑妹在屋愛做家！百二兩銀買絲線，囑妹在家學做花。

〔女唱〕新買葵扇畫枝花，囑郎走裡愛顧家！百二兩銀買管筆，祝郎上京中探花。

這是倡和不相違的。首句全同，以下各句，只異數字，又韻字也全同。這種整齊的例是很少的。另有意思針對，句格相同的全重式，如前情歌例中所舉「嫁郎莫嫁讀書郎」，「嫁郎愛嫁讀書郎」兩首，那是倡和相違的，又同用一韻。全重式的倡和，大抵是同用一韻的。

(二)重頭式　倡和重首句者最多。全同者已見上。稍異的如「生麼分開死麼離」、「地久天長莫分開」。對稱的如「一別妹子大船邊」、「涯郎別妹大船邊」，又如「日出東邊天大光」、「日落西山漸漸低」，同為起興之句，似違實順。相違者如上節所引「嫁郎」兩語及前引客民競歌之例——那是較不整齊的。遞進的如《情歌唱答》中《南洋行》(二)女唱的「十送親郎」、「再送親郎」、《南洋行》(三)男唱的「十別妹子」。句格同的如同書《十八答》(四)的「病唔好來病唔好」、「麼伴來來麼伴來」；(五)的「著乜極來做乜來」、「唔使賠來唔使賠」；(六)的「喂死裡來喂死裡」、「唔禾郎來唔禾郎」；(七)的「喂死裡來喂死裡」、「唔喂死來唔喂死」；(九)的「天唔光來天唔光」；(十)的「喂光裡來天喂光」、「妹喂洗來妹喂漿」；

（十二）的「妹莫洗來妹莫漿」、「偏偏洗來偏偏漿」。這些首句，構造都相同。遞進的，同句格的重頭式，用在蟬聯的倡和裡。歌中句的重疊，也有類似的情形，但較少，又關係較小，茲從略。

（三）銜尾式　第一首末句和第二首首句相同的倡和歌，丘峻先生說，「俗語叫做『鯽魚銜尾』，或『鯉魚銜尾』。」這種歌有每四句一首的，也有每五句一首的（《情歌唱答》中卷）。又這種歌往往蟬聯而下，不止一疊。《情歌唱答》中所錄《細話衷情》，共六疊，茲錄首兩疊為例：

一　（男唱）大路蕩蕩東坪陽，連問三聲唔答郎；連問三聲麼句應，瞞人教壞妹心腸？！

（女答）瞞人教壞妹心腸？莫怪細妹麼大方！細妹相似目屎浪，自從唔田漂大江。

二　（男唱）自從唔田漂大江，嬌容說話涯井光。愚今可比過雲雨，唔知落在奈陀往。

（女答）唔知落在奈陀往，涯哥講話妹著慌！今番做事唔見怪，前生燒了斷頭香。

也有不完全接一句的，如以「天下有來天下有」接「自古傳來天下有」（《情歌唱答》上卷《求歌》），則屬於接麻式——歌中的句子也時有此種接法。

（四）連珠式　丘先生說：這種倡和，「其詞意，在第一次唱答之間，固然彼此呼應，針鋒相對；就是其第二次唱的，也還和第一次答的遙遙相應，前後關照；第三次唱的和第二次答的，也是一樣。……這樣第一回唱答，和第二回唱答；第二回唱答又和第三回唱答；……前後照應。有如連環或連鎖而首尾不能銜接，只像金珠一貫，所以……名之曰連珠調」（《情歌唱答》中卷）。簡單地說，連珠式是若干疊的倡和歌，意義聯貫而並無定式的重疊的。（二）、（三）兩式也常不止一疊，意義也相聯貫，其與此異者，就在有一定的重疊式。茲舉《載離載合》（共八疊）的首兩疊為例：

一　（男唱）亞妹豔名彩鳳英，緊想緊真笑死人！名字東好人東醜，真真太不近人情！

（女答）郎今自名真風流，亞妹想倒真好羞！唔知風流是醜事，還敢得意叫啾啾！

二　（男唱）亞妹話倒也是真，可惜亞哥後生人！十七十八唔曉樂，白白辜負一生人！

（女答）亞妹東醜天生成，郎今東靚唔做人！妹醜郎靚都一樣，齊家都是苦命人！

（五）詰問式　如《情歌唱答》中《奇怪的問名》云：

一　（女唱）新作田唇唔敢行，新交人情唔敢聲。奔張腳頭奔郎使，開條路子奔妹行！

（男答）文銀花邊有八成，涯今問妹脈雞名；涯今問妹姓脈雞，問倒名姓正來行。

二　（女唱）長田行過是大坪，唔使跟探妹姓名。腳下一蹴是妹姓，身上一摸是妹名。

（男答）一雙單一也麼奇，綠竹舂尾想倒裡。白礬落缸涯醒水，陳三細妹就是愚。

這裡第二疊是諧聲的謎語。

《詩·邶風·式微》也可作這一式的倡和歌解（參用劉向說），其詞云：

「式微，式微，胡不歸？」「微君之故，胡為乎中露！」

「式微，式微，胡不歸？」「微君之躬，胡為乎泥中？」

這許是現存最古的倡和歌了——《皇娥白帝歌》雖也是倡和歌，但是個人的，又是構造的，所以不論。

二 **趁韻** 《詩的效用》一文中說：「……說到民謠，流行的範圍更廣，似乎是很被賞識了，其實也還是可疑。我雖然未曾詳細研究，不能斷定，總覺得中國小調的流行，是音樂的而非文學的，換一句話說即是以音調為重而意義為輕。『十八摸』是中國現代最大民謠之一，但其魅人的力似在『嗳嗳嗨』的聲調而非在肉體美的讚嘆，否則那種描畫應當更為精密，——那倒又有可取了。中國人的愛好諧調真是奇異的事實矣……。」（《自己的園地》二十、二一頁）歌謠原以聲為主，這話是不錯的。前述無意義的重疊，自是以聲為主的極則，其次便當算到趁韻歌；這許是近乎原始的形式。趁韻歌以兒歌中為多。前舉兒童遊戲歌，多屬此種。又各種接麻歌亦多屬此種（無韻的自不能算入）。趁韻歌大抵是沒有意思的；有時似乎有意思，卻是滑稽的。如前引《野麻雀》一首，便是這一種。

三 **嵌字**

（一）最常見的自然是嵌數字的。如紹興歌謠云：

一事無成實可憐，兩眼睜睜看老天，三餐茶飯全無有，四季衣衫不周全，五更想起雙流淚，六親無靠苦黃連，開門七件全無有，八字生來顛倒顛，久事寒窗無出息，要到十字街頭尋短見。路裡碰見一個算命先生，算我十九歲功名就，八月科場面前存，七篇文字如錦繡，六個同窗倒顛中，五倫殿上朝天子，四拜皇廷萬歲恩，君王連飲三杯酒，兩朵金花蓋頂勻，一色杏花紅十里，狀元歸家馬如飛。（《紹興歌謠》三一、三二頁）

這裡有三點可以注意：（1）這是順逆兩種嵌法；（2）久字諧九字；（3）所嵌的字不一定在句首。前引《一家人家》一歌亦是此種，那歌中一二三四五陸嵌在句頭，七八九十嵌在每句第三字，借姓陸的陸作數字的六，這在北方是不行的。這首歌還有一半是遞嵌的，數字都嵌在句頭（《吳歌甲集》二五頁）。這種歌意義是連貫的遞進的；也有不聯貫的，如：

一些嘸有，啥個二不倫登，三轉四回頭，五馬販六羊，七叮八，九九歸源，十足犯賤。（《紹興歌謠》八八頁）

至如浙東歌謠云：

一，一，儸州涼帽湖州筆。兩，兩，城內生兒山裡養。三（ㄙㄚ），三，楊樹根頭好畫花。四（ㄙㄧ），四，樟樹花燈蘭溪戲。五，五，長年大小送端午。六，六，西山獅子東山鹿。七，七，銅打墨硯銀打筆。八，八，八洞神仙都識法。九，九，九根眉毛當掃帚。十，十，爺登龍門兒做賊。（《孩子們的歌聲》一九七頁）

這簡直是毫無意義的硬嵌，或者竟不能算是嵌字，只是一首文句不相聯貫的趁韻歌。又如：

一，兩，三河鄰上蔣。三，四，女埠對宅記。五，六，黃店望獨瀆。七，八，蘆山高蔣塔。九，十，五塘朝焦石。（《孩子們的歌聲》一九九頁）

與上一歌為同類，但每句用二數字，又為地名歌，與上歌異。

次為分嵌成語的歌，此類極少，僅得一例：

吃末真兇，著末威風；賭末一半，嫖末精空。（《民謠集》六一頁）

這是將「吃著嫖賭」一句成語分開來說，其式實與嵌字同。

次為嵌十二月名，如浙東歌云：

正月正，癩痢戲猴猻。二月二，癩痢戲兔兒。三月三，癩痢千刀萬刮劗。四月四，癩痢吃個屁。五月五，癩痢晒乾末。六月六，癩痢陪著黃狗洗個浴。七月七，癩痢偷糞吃。八月八，癩痢拖去殺。九月九，癩痢陪著貓兒吃杯酒。十月朝，癩痢家裡天火燒。十一月冬至，

癩痢跌落冬廝（東廁？）。十二月夜，癩痢關在城門外，害得他的姆媽哭了三天三夜。（《孩子們的歌聲》一九六頁）

黃詔年先生說，「此為教小兒月數的歌」（同書同頁）；但亦可作鋪陳式的十二月歌論。次為嵌人名，地名，物名，如古人名，地名，草木名，鳥獸名，蟲名等，例見前。

最近石聲漢先生所蒐集的《傜歌》（見《國立中山大學語言歷史學研究所週刊》四十六、四十七合刊，《傜山調查專號》），有所謂「甲子歌」，中多情歌。其歌大抵以順序的兩干兩支相間（如甲子乙丑），作起興的句子。這種干支相間法，共有三十式。每式四歌（有缺的），每歌七言四句。這似乎可稱為嵌干支的歌。舉例如下：

甲子一年哥便念，乙丑二年哥便連；
一年連娘成心慣，二年心慣成舊情。

以甲子乙丑分嵌兩句，只在「甲子乙丑」歌中有，餘均四字並嵌在首句，如下式：

甲子乙丑海中金，海中金罐難得逢；
海中金罐難得見，見娘細嫩難得連。

（二）嵌句　或嵌童蒙書句，或嵌佛號，例俱見前。茲再舉嵌佛號一例。紹興歌云：

南無阿彌陀，新婦打阿婆；阿婆謳地方，新婦老公幫；阿婆勿肯放，新婦坐板（班？）房。（《紹興歌謠》六二頁）

四　套句

歌謠中有許多常見的句子，可以稱為套句，像四季、五更、十二月等是小調裡常用的方便的結構一般。套句是歌謠裡常用的方便的表現。套句以起句為最多，結句也常有；《詩經》裡更有詩中的套句。起句，結句，都與結構有關；而起句更為重要。吳歌中有云，「山歌好唱口難開」（《甲集》一三六頁）；又蘇州的唱本中有云，「山歌好唱起頭難，起子頭來便不難」（顧頡剛先生引，見《甲集》一六六頁）。可見起句是不容易的。這裡所謂起句，差不多專指起興而言；也有賦體的，但甚少。起興既不容易，便多去借用成句；好在這種句子，原與下文不連貫，盡可移用。這是「同一起句的歌謠」的一個原因（用鍾敬文先生說，見《民間文藝叢話》六四頁）。複次，歌謠雖為個人所作，而無個性；他總用民眾習知習用的語句，來表現他們與他所共有的情思。因此套句便多了。但這裡所謂套句，是就各異的歌謠而言；若是同一歌謠的轉變，那麼，句子相同是當然，無庸在此討論。

（一）同一起句　古今歌謠，皆多此種。鍾敬文先生在〈同一起句的歌謠〉一文中（《民間文藝叢話》五八——六三頁），曾舉了許多例，茲照錄如下。如《詩經》中以「揚之水」起的：

揚之水，不流束楚。彼其之子，不與我戍甫。懷哉懷哉，曷月予還歸哉？（《王風》，三章錄一）

揚之水，不流束楚。終鮮兄弟，唯予與女。無信人之言，人實狂女。（《鄭風》，二章錄一）

揚之水，白石鑿鑿。素衣朱襮，從子於沃。既見君子，為何不樂？（《唐風》，三章錄一）

以「有杕之杜」起的：

有杕之杜，其葉湑湑。獨行踽踽；豈無他人，不如我同父。嗟行之人，胡不比焉？人無兄弟，胡飲焉？（《唐風》，二章錄一）

有杕之杜，有晥其實。王事靡鹽，繼嗣我日。日月揚止，女心傷止，征夫遑止。（《小雅》，四章之一）

又如六朝時被收入樂府的民歌裡的例子（這裡賦體的起句）：

陽春二三月，相將踏百草。逢人駐步看，揚聲皆言好。（《江陵樂》）

陽春二三月，草與水同色。攀條摘香花，言是歡氣息。

陽春二三月，水與草同色。道逢遊冶郎，恨不早相識。

陽春二三月，正是養蠶時。那時不相怨，其再□（原文此處為「□」）儂來。（《孟珠》）

陽春二三月，相將舞翳藥。曲曲隨時變，持底豔郎目？（《翳樂》）

在現代歌謠中，這種例更多，鐘先生所舉的是：

日落西山一點紅，先生騎馬我騎龍；先生騎馬街上走，我騎烏龍水面飄。

日落西山一點紅，照見江南鯉魚精；頭在江南來吃水，尾在江北翻摩掀。

日落西山一點紅，武松殺嫂為長兄。潘金蓮結識西門慶，武松殺嫂上梁山。

日落西山一點紅，照見江南九條龍。九龍紐紐要起水，小姐紐紐引郎君。（《江蘇山歌》，劉麗南輯）

丟只阿妹多日久，好過一年無千長；今日有緣相遇到，恰似蘭花開合香。

丟只阿妹多日久，話頭講少萬萬千。離別一時當三日，離別三日當一年。

丟只阿妹多日久，有情老妹無相逢；來比大船打失槳，一望漂流在海中。

丟只阿妹多日久，坐唔安時嬲唔安。今日有緣相遇到，見娘歡喜命甘斷。

丟只阿妹多日久，四十五日無相逢！寄信又怕妹唔識，搭聲又怕講唔同。（《海豐山歌》，自輯）

這是起句全然相同的。此外還有只同前半句的，如吳歌云：

結識私情結識東海東。(六六起句,《甲集》七二頁)

結識私情結識恩對恩。(六七起句,又七三頁)

結識私情結識隔條浜。(六八起句,又七四頁)

這些都不是相同的歌謠。(江陰《船歌》中亦有同此的起句)又如《吳歌》云:

西方路上一甏油。(五二起句,《甲集》五四頁)

西方路上一籠雞。(九五起句)

西方路上一隻牛。(九六起句)

西方路上一隻船。(九七起句,上三句見又一三一、一三二頁)

後三者大約是「佛婆所作歌」,前一首卻不是的;四首意義也各異。浙東歌謠有以「西方路上有一家」起興者,亦佛曲,見《孩子們的歌聲》一二七頁。這些起句雖只同前半句,理由卻與全句同的是一樣。

四座且莫喧,願聽歌一言:請說銅爐器,崔嵬像南山。……

顧頡剛先生在〈論詩經所錄全為樂歌〉一文中,說這是樂府。這話是很有理由的。我們看陸機的《吳趨行》起句云:

楚妃且勿嘆,齊娥且勿謳;四坐並清聽,聽我歌《吳趨》。……

又鮑照《代東武吟》起句云：

主人且勿喧，賤子歌一言；僕本寒鄉士，出身蒙漢恩。……

陸、鮑二人都是擬樂府的；所擬原辭雖已不可知，但我們很可推想樂府中必有些起句與那首古詩相似或相同的。——那首古詩之為樂府，也由此可見。

（二）同一結句 如樂府《豔歌何嘗行》的「趨」云：

念與君離別，氣結不能言。各各重自愛，遠道歸還難。妾當守空房，閉門下重關。若生當相見，亡者會黃泉。今日樂相樂，延年萬歲期。

末二語與上文意思不相聯貫。晉樂所奏《白頭吟》末二語與此大同小異：

今日相對樂，延年萬歲期。

這兩句也是與上文不聯貫的。這兩句別處還有用的，或是一種和曲，也未可知。前引佛偈子之末語亦是此類。至《豔歌》起句云：

今日樂上樂，相從步雲衢。

以結句為起興之句，則或是取其為人所習知習聞之故。

（三）歌中套句 《詩經》中多此種。如「之子於歸」一語，見於〈桃夭〉、〈鵲巢〉、〈燕燕〉、〈東山〉等詩；「之子」所指卻可不同，在〈燕燕〉中指載嬀，在餘三詩中則均指新婦。

又如「女子有行，遠父母兄弟」二語，見於〈毖彼泉水〉、〈蝃蝀〉、〈竹竿〉（作遠兄弟父母）諸詩，句意雖同，歌意有別。又如「不瑕有害」見於〈毖彼泉水〉、〈二子乘舟〉諸章；而在後詩中用為結句。又如〈邶風．柏舟〉有「日居日諸」一語，〈日月〉中則以之為每章之起句（共四章）。「不瑕有害」用為結句，殆是偶然。「日居日諸」一語，則疑心本是起句，後才用入歌中的；因為起句印象較深，容易讓人記住借用。這樣看，套句的位置，也不能嚴格論定的。

套句，在另一意義上，也可說是重疊的表現法；只這種重疊是為了避生就熟的緣故罷了。歌中套句，應屬修辭範圍，因方便，故附論於此。

六　歌謠的修辭

【起興】

興是《周禮．春官大師》所謂「六詩」，《詩大序》所謂「六義」之一。向來與賦比並論，尤以與比並論時為多。其義說者極眾，現在不能詳述，只舉幾種最著的：《周禮．鄭玄注》引鄭眾云：「興者，託事於物。」劉勰《文心雕龍．比興》云：「興者，起。……起情者，依微以擬議。」鄭樵《讀詩易法》（《六經奧論》卷首）云：「關關雎鳩」，……是作詩者一時之興，所見在是，不謀而感於心也。凡興者，所見在此，所得在彼，不可以事類推，不可以理義求也（據《吳歌甲集》引）。朱熹云：「興則托物興辭。」（《楚辭集注》）又云：「興者，先言他物，以引起其所詠之辭也。」（《詩集傳》）又云：「因所見聞，或托物起興，而以事繼其聲。」姚際恆《詩經通論》云：「興者，但借物以起興，不必與正意相關也。」鄭樵、姚際恆兩家所說最為明白。顧頡剛先生又從歌謠裡悟得興詩的意義，他說：「數年來，我輯集了些歌謠，忽然在無意中悟出興詩的意義，今就本集所載的錄出九條於下：

一　螢火蟲，彈彈開，千金小姐嫁秀才……（第十九首）
二　螢火蟲，夜夜紅，親娘績苧換燈籠……（二十）
三　蠶豆開花烏油油，姐在房中梳好頭……（五一）
四　南瓜棚，著地生，外公外婆叫我親外孫……（五三）
五　一莢菜豆碧波青，兩邊兩懸竹絲燈……（五四）
六　一朝迷露間朝霜，姑娘房裡懶梳妝……（五八）
七　陽山頭上竹葉青，新做媳婦像觀音……
　　陽山頭上竹葉黃，新做媳婦像夜叉……（六一）
八　陽山頭上花小籃，新做媳婦多許難……（六二）
九　梔子花開心裡黃，三縣一府捉流氓……（九二）

在這九條中，我們很可看出來起首的一句和承接的一句是沒有關係的，例如新做媳婦的好，並不在於陽山頂上竹葉的發青；而新做媳婦的難，也不在於陽山頂上有了一隻小籃。它們所以會得這樣成為無意義的聯合，只因『青』與『音』是同韻，『籃』與『難』是同韻。若開首就唱『新做媳婦像觀音』，覺得太突兀，站不住；不如先唱了一句『陽山頭上竹葉青』，於是得了陪襯，有了起勢了。至於說『陽山』乃為陽山是蘇州一帶最高的山，容易望見，所以隨口拿來開個頭。倘使唱歌的人要唱『新做媳婦多許好』，便自然先唱出『陽山頭上一叢草』了；倘使要唱『有個小娘要嫁人』，便許先唱出『陽山頭上一隻鶯』了。這在古樂府中也有例可舉。如『孔雀東南飛，五里一徘徊』，原來與下邊的『十三能織素，十四學裁衣，十五彈箜篌，十六誦詩書』一點沒有關係。只因若在起首說「十三能織素」，覺得率直無味。所以加上了『孔雀東南飛，五里一徘徊』，一來是可以用『徊』字來起『衣』『書』的韻腳，二來是可以借這句有力的話來作一個起勢。」如他所說，興的作用有二：一是從韻腳上引起下文，一是從語勢上引起下文，總之，是不取義的，而起興之句，又大都是即事的。朱熹所謂「因所見聞」，亦是此義。

所謂從韻腳上、從語勢上引起下文，只是一件事的兩面，而並非兩件事。這在顧先生的文裡說得甚是明白。不過這兩方面似乎還不夠說明起興的需要在歌謠中的迫切與普遍。我以為還有兩種關係，或可以幫助顧先生的解釋：一是我們常說到的歌謠是以聲為用的，所以為集中人的注意起見，有從韻腳上起下文的現象。二是一般民眾，思想境閾很小，即事起興，從眼前事物指點，引起較遠的事物的歌詠，許是較易入手的路子；用顧先生的話，便是要他們覺得不突兀，舒舒服服聽著唱下去。雖然起興的事物意義上與下文無關，但音韻上是有關的；只要音韻有關，聽的人便不覺得中斷，還是舒舒服服聽下去。顧先生所謂「覺得率直無味」，可以用這種道理解釋。至於「起勢」之說，則就作歌者方面說，也有道理。因為一個意思，不知從何說起，姑就眼前事物先行指點，再轉入正文，便從容多了。「山歌好唱口難開」的句子不獨蘇州有，四川酉陽也有（見前），甚至僮歌裡也有（見苗志周《情歌》），可見這種作始的困難是很普遍的。這種起興的辦法，可以證明一般民眾思想力的薄弱，在藝術上是很幼稚的。所以後來詩歌裡漸少此種，六朝以來，除擬樂府外，簡直可說沒有興。而論詩者仍然推尊比興，以為詩體正宗，那一面是因傳統的勢力，一面他們所謂興實即是一種比，即今語所謂象徵；這是一直存在的。且不必遠舉例，就說《楚辭》吧。洪興祖《楚辭補註》說：「詩之興多而比賦少，《騷》則興少而比賦多。」這可見藝術漸進步，那裡粗疏的興體，便漸就淘汰了。興與比既如此不同，我覺得應該分論；所以不遵用前人比興聯文的辦法。

起興的事物，大都「因所見聞」，前已說及，大約不外草木、鳥獸、山川、日月、舟車、服用等，而以草木為多。茲略舉數例。以草木興者，見前引顧先生文中。以鳥獸興者，如《關雎》，如粵風中《鹿在高山吃嫩草》：

> 鹿在高山吃嫩草。相思水面緝麻紗。紋藤將來做馬口，問娘鞍落在誰家？

以山川興者，如「陽山頭上竹葉青」、「揚之水」等。以日月等興者，如前舉「日出西山一點紅」，又如《召南．殷其靁》首章云：

殷其靁，在南山之陽。何斯違斯，莫敢或遑？振振君子，歸哉，歸哉。

又如臺灣歌謠云：

舉頭一看滿天清，七粒孤星一粒明。娘子要歹用心幸，不怕親哥起絕情。（男子唱《臺灣歌謠集》）

以舟車興者，如《詩．鄘風》的《柏舟》首章云：

泛彼柏舟，亦泛其流。彼兩髦，實維我儀。之死矢靡它，母也天只！不諒人只！

又如《王風．大車》首章云（此詩朱熹作賦）：

大車檻檻，毳衣如菼。豈不爾思，畏子不敢！

以服用興者，如僮歌云：

衣裳無扣兩邊開。不得妹話哥難來。連妹不得真情話，寅時得話卯時來。（《情歌》五四頁）

新買水桶不用箍。妹你作事太糊塗！妹你作事好大膽，猶如攔路打腳骨。（《情歌》四二頁）

起興本原是直接地「因所見聞」，但起興的句子有時因歌者的偷懶省事而成為套句，那就是間接的東西了。還有用這種熟句子，多少也有些取其容易入人的意思。前曾述及小調中的五更調、十二月、十杯酒等，有時只取其數目的限制，意思許和「更」、「月」、「杯酒」等毫無關連；在這種情形時所謂五更、十二月、十杯酒，也只是起興的形式而已。

現在的歌謠，從韻律上說，有以下幾種：一、七言四句（或五句）的山歌；二、長短句的徒歌；三、彈詞體的徒歌；四、小調。這四種中三、四的興體極少（除了上節末尾所舉的），一、二的興體則甚多。因為三、四成體較晚，藝術較為完密之故。

【辭格】

辭格是指一些特別的表現形式而言。這些卻不一定與結構有關，大多數只是修辭上的變化。茲分意義、字音、字形三方面論之。

一　**關於意義的辭格最常用的自然是比**。鄭玄《周禮》注引鄭眾云：「比者，比方於物。」劉勰云：「比者附也。……附理者，切類以指事。」朱熹云：「比者，以彼物比此物也。」（《詩經集傳》）

依陳望道先生《修辭學》，我將比分為譬喻及比擬二種：

一　譬喻　陳先生說：「思想的對象與另外的事物有了類似點，文章上就用那另外的事物，來比擬這思想的對象的，名叫譬喻格。」陳先生又分譬喻為三種：

（一）明喻　是分明用另外事物來比擬文中事物的譬喻。正文與譬喻兩個成分不但分明並揭而且分明有別，在這兩個成分之間，常有「好像」、「如同」、「彷佛」、「一樣」或「猶」、「若」、「如」、「是」之類的譬喻語詞綰合它們。如《客音情歌集》五九云：

遇到你，好比羅浮遇到仙。羅浮遇仙無見面，看見我連在眼前。

又如粵風有一首云：

妹金銀——見娘娘正動兄心；眼似芙蓉眉似月，勝過南海佛觀音。（七頁）

有時省去了這等字，把正文與譬喻，配成對偶、排比等平行句法，如：

新打的茶壺亮堂堂，新買的小豬不吃糠；新娶的媳婦不吃飯，眼淚汪汪想她娘。（《孺子歌圖》五三頁）

又如粵風《思想妹》云：

思想妹——蛱蝶思想也為花。蛱蝶思花不思草，兄思情妹不思家。（一頁）

（二）隱喻　隱喻是比明喻進一層的譬喻。正文與譬喻的關係比之明喻更為緊切。如《詩．衛風．碩人》云：

手如柔荑，膚如凝脂，領如蝤蠐，齒如瓠犀，螓首蛾眉，巧笑倩兮，美目盼兮。

前四句是明喻，第五句便是隱喻。此類甚少。

(三)借喻　比隱喻更進一層的便是借喻。借喻之中，正文與譬喻的關係更其密切，這就是全然不寫正文便把譬喻用作正文的代表了。

如粵歌云：

揭起珠簾放鳳飛，紗窗門外月蛾眉。陰影石榴不結子，虛花枉殺少年時。(《情歌》二頁)

首句與三四句皆借喻，次句則隱喻。又如：

竹篙打水兩難開，問娘轉去幾時來。三籮有谷丟落海，㕶得團圓做一堆。(二八頁)

首句是一個借喻，三四句是另一個。

(四)象徵　此地所謂象徵，指「情調象徵」而言，以表現情調、氣氛、心境之類為主。前面三種與下文的比擬，都可說是「切類以指事」，只有象徵並不要「切類」，只要有一種籠統的、模糊的空氣就行。這種象徵，中國普通總以入興的項下。姚際恆說這是「興而比也」，他解釋為「未全為比而借物取興，與正意相關者」(《詩經通論》)。《談龍集》裡說得更是明白：「中國的詩多用興體，較賦與比要更普通而成就亦更好。譬如『桃之夭夭』一詩，既未必是將桃子去比新娘子，也不是指定桃花開時或是種桃子的家裡有女兒出嫁，實在只因桃花的穠豔的氣氛與婚姻有點共同的地方，所以用來起興。但起興云者並不是陪襯，乃是也在發表正意，不過用別一說法罷了。」（六八頁）但我以為這種象徵在程度上或者不及其他三種，在性質上卻與它們相同，而與起興各別。從來關於比興問題的癥結，怕就在此，姚氏也嘗言之。

我們從上面的引文裡，知道《桃之夭夭》一詩有三種解釋。除第三近乎滑稽之外，餘俱講得通；此外尚有一義，即此二句為紀候之語，亦通。這樣看，此詩兼有賦比興三義；郝仲輿謂，「興比賦非判然三體，每詩皆有之」，也不無相當理由。本來興比本身，原即是賦，與所興所比者並列時，才有興比之別。又比亦常代起興之用。所以賦比興的三分法，只是「一種」方便，不能嚴格判別，最好是將它們當作三個方面或三個態度。意思簡單的作品，只具一方面；但意思複雜的則有兼具三方面的。

二　比擬　將人擬物（即以物比人）和將物擬人（即以人比物）都是此種，茲分論之。

甲　擬人　如《吳歌》云：

跳虱有作開典當，壁虱強強作朝奉；白虱來當破衣裳，跳虱白虱打起來。

白虱話：「你這尖嘴黑殼，東戳西戳，惹起禍來連我一道捉。」跳虱話：「你這小頭大肚皮，說話無情理，自家爿得慢，倒要怪我小兄弟。」

自神話或傳說衍變的歌謠，也常用此法。如前舉《風婆婆歌》、《一個小娘三寸長歌》都是。又如前舉《草木歌》、《百花名》亦此種，但那些似乎是藝術關係多了。至其中「玄丹花鼻子」、「櫻桃花口」、「雪花銀牙」、「元寶花的耳朵」等語，則都是隱喻。

乙　擬物　如〈詩·衛風·碩鼠〉首章云：

> 碩鼠，碩鼠，無食我黍。三歲貫女，莫我肯顧。逝將去女，適彼樂土。樂土樂土，爰得我所！

此詩是復沓格，下二章只易數字。《詩序》云：「《碩鼠》，刺重斂也。國人刺其君重斂，蠶食於民，貪而畏人，若大鼠也。」這個解釋是不錯的。這首詩全用比體，這樣的詩在歌謠中是不多的。

又如《小雅·鶴鳴》次章云：

> 鶴鳴於九皋，聲聞於天。魚在於渚，或潛在淵。樂彼之園，爰有樹檀，其下維谷。他山之石，可以攻玉。（上章只易數字）

《詩序》「《鶴鳴》，誨宣王也」，《箋》云「誨，教宣王求賢人之未仕者」。是否「誨宣王」，雖不可知，但所謂「求賢人之未仕者」，是可以解得通的。這首詩用三種比擬，以明一意，與《碩鼠》格又不同。又如《客歌》云：

> 娘門花木般般有，我想行前采一枝，我想行前采一朵，問娘心中樣何如？（《客音情歌

集》三七頁）

花木似乎比擬肢體，這與上例籠統比擬者有別。

陳望道先生將譬喻列在聯合類的辭格中，比擬列在幻變類的辭格中。聯合類是「聯合旁的意象來增加原意象的情趣或光彩」，幻變類「是由思想的幻變而成的修辭現象」。但他又說：「比擬其實便是一種譬喻。特一就兩物相似處言，一就兩物相變處言罷了。」照這樣看，譬喻可以包括比擬了。但我以為二者雖相似而來源實異。比擬是由萬有有生論（Animism）思想而來，萬有有生論是低等的宗教，其源甚古。大約擬人是先有的形式，擬物則是轉變，已是藝術的關係多了。後來的擬人也重在藝術的關係，如《百花名》等，意在以花名編成歌唱，才採用擬人的形式，以引人興味。

三　鋪張　陳望道先生說：「說話上張皇鋪飾，過於客觀的事實處，名叫鋪張」。王充稱為「藝增」。《文心雕龍》稱為「矯飾」。范文瀾先生論之云：「蓋比者……其同異之質，大小多寡之量，差距不遠，殆若相等。至飾之為義，則所喻之辭，其質量無妨過實，正如王仲任所云，『譽人不增其美，則聞者不快其意；毀人不益其惡，則聽者不愜於心。聞一增以為十，見百益以為千。』莊子亦曰，『兩喜必多溢美之言，兩惡必多溢惡之言。』情感之文，意在動人耳目，本不必盡合論理學，亦不必盡符事實；讀詩者，『不以文害辭，不以辭害意』，斯為得之。」（《文心雕龍講疏》卷八，七頁）〈詩·衛風·河廣〉次章云：

誰謂河廣？曾不容刀！誰謂宋遠？曾不崇朝！

這首詩全是賦，二四兩句都是鋪張的，極言宋之近而易渡。又如《樂府·陌上桑》有云：

行者觀羅敷，下擔捋髭鬚；少年見羅敷，脫帽著帩頭。耕者忘其犁，鋤者忘其鋤；來歸相怨怒，但坐觀羅敷。

這是形容羅敷之美的。又如《孺子歌圖》有歌云：

豌豆糕點紅點兒，瞎子吃了睜開眼兒，瘸子吃了丟下拐，禿子吃了生小辮兒，聾子吃了聽的見，老老吃了不掉牙。（七九頁）

這是形容豌豆糕的好處，吃了它，不可能的都變可能了。又《吳歌》云：

一支清香七寸長，嗚嗚沉沉哭爹娘；哭得長江水乾河底進，鐵樹開花難見娘。（《乙集》八四頁）

這是極言其哀。又如《客歌》云：

日光東大都無用，十五團圓要缺邊。親娘好比大星宿，彭古開燈千萬年。（《客音情歌集》二一頁）

這是形容情人的美妙，或祝其華年久駐之意。以上都是劉勰所謂「意深褒贊，故義成矯飾」。至於「溢惡之言」，則嘲笑歌中多有之。如前舉《鬎鬎姐歌》及《肥人寶塔歌》，均是此種。

四　顛倒

甲、事理顛倒　《吳歌》云：

四句頭山歌兩句真，後頭兩句笑煞人：蝲蚆出扇飛過海，小田雞出角削殺人。（《乙集》一〇九頁）

小人小山歌，大人大山歌。蚌殼裡搖船出太湖，燕子啣泥丟過海，鰟鮍跳過洞庭山。（《甲集》四頁）

此皆不可能之事。由第一例，知山歌中頗多此種；由第二例，更知此種多在兒歌中。上條所舉《豌豆糕點》一歌，也是用顛倒的形式來達到鋪張目的的。

乙、次序顛倒如前舉湖北的《倒唱歌》是。

丙、詞句顛倒如《孺子歌圖》一歌云：

忽聽門外人咬狗，拿起門來開開手。拾起狗來打磚頭，又被磚頭咬了手。騎了轎子，抬了馬，吹了鼓，打喇叭。（四六頁）

前四句是句格顛倒，後二句是用字顛倒。

五　反話　如《楓窗小牘》載宣和中有反語云：「寇萊公之知人則哲；王子明之將順其美；包孝肅之飲人以和；王介甫之不言所利。」該書謂「此皆賢者之過，人皆得而見之者也」。

二　**關於聲音的辭格**　鐘敬文先生在《民間文藝叢話》裡稱為「雙關語」，朱湘先生在《古代的民歌》裡（《中國文學研究》）稱為「字眼遊戲」，徐中舒先生在《六朝戀歌》裡（《一般》三卷一號）稱為「諧音詞格」。「雙關」與「諧音」各為這種詞格之一面。這種詞格在唐以前，大約是民歌裡所專有。鐘敬文先生說，「最大的緣故是歌謠為口唱的文學，所以能適合於這種利用聲音的關係的表現」（《民間文藝叢話》三六頁），這是不錯的。又有人說，用這種辭格的多為戀歌，戀愛的事，有時不便直陳，故用此法，這話也有理。玆分三種述之：

（一）諧音　以同音異字為隱，叫做諧音。如《子夜歌》云：

高山種芙蓉，復經黃蘗塢；果得一蓮時，流離嬰辛苦。

芙蓉諧夫容，蓮諧憐。又《粵歌》云：

古井燒香暗出煙，唔知老妹乜人連，飯甑落鑊又無蓋，米篩做蓋氣飄天。（《民間文藝叢話》三七頁）

煙諧冤，意謂想而不可得的冤枉（鐘說）。前舉物謎中「叫糖吃勿得，叫鑼敲勿響」，亦屬此種。其較複雜的，則如古詩云：

藁砧今何在？山上復有山。何當大刀頭，破鏡飛上天。

藁砧者，砆也，諧夫字；大刀頭，環也，諧還字，這是多轉了一個彎。這首詩雖名古詩，當是民謠。

(二) 雙關　以同字別義為隱，如《子夜歌》云：

始欲識郎時，兩心望如一；理絲入殘機，何悟不成匹。

匹字兼布匹、匹配二義。又《粵歌》云：

壁上插針妹藏口，深房織布妹藏機；燈草小姑把紙卷，問妹留心到幾時。(《粵風》十七頁)

機兼織機、心機二義，心兼燈心、人心二義，其較複雜的，如《粵歌》云：

妹鴛鴦，小弟一心專想娘；紅豆將來呑過肚，相思暗斷我心腸。(《粵風》八一頁)

紅豆一名相思子，此相思兼物名、人情二義。

(三) 影射　如《子夜歌》云：

今夕已歡別，會合在何時？明燈照空局，悠然未有期。

徐中舒先生說方局是影射博字，再以博諧薄音，以棋諧期音。但歌中卻已寫明期字，這當是記錄者因在此處寫明期字較大方，在口頭上當然是唸棋字的——這屬於諧音格。又如西曲《石城樂》云：

> 聞歡遠行去，相送方山亭；風吹黃蘗藩，惡聞苦離聲。

以黃蘗之味苦影射苦字，藩古音與分同在邦母，故以影射分離。（藩字亦諧分字）前引的「復經黃蘗塢」一語同此。

諧音與雙關，廣義地說，也是一種比。這種六朝時吳聲歌中最多，今則粵歌中最多（《粵謳》客家歌謠中均有，而在後者中尤為常見）。且有與《吳聲歌曲》同者，如以絲為思便是。

三　關於字形的辭格　這便是拆字格。前舉「千里草」、「小兒天上口」、「一片火兩片火」等皆屬之。山歌如客歌云：

> 王字加點是你主，天字出頭是你夫。門內肚內加一口，問娘有意嬲郎無。（《客音情歌集》一二〇頁）

字謎也當屬此。又山上復有山，為出字，亦此類。

謎語除諧聲、拆字外，不外賦比兩種。此只用借喻、擬人、擬物三式。如嘉屬煙謎云：

> 望去一條橋，走去軟幺幺；好的斧頭斬不斷，一陣風來就吹斷。

這是借橋喻煙。又如：

倒掛蓮蓬吃不得，繡花枕頭困勿得，青銅棍子使不得。（均見《民俗》二二合刊）

謎底是蜂巢、刺毛蟲、青篇蛇，也是借喻，但不止一物罷了。又如水煙筒謎云：

伍子胥守住潼關，白娘娘水沒金山；諸葛亮用火攻，赤壁燒紅。（同上）

這也是一種借喻：人名、地名，不過以資點綴，與正義無關，所重者是每句的後半——潼諧銅字。又如《孺子歌圖歌》云：

一朵芙蓉頂上栽，錦衣不用剪刀裁；雖說不是英雄漢，一聲叫喊萬門開。

謎底是雞。首二語是借喻，但就全體說，卻是擬人。而用「不用」「不是」字樣，是反擬，與正擬只形式相異。又如嘉屬謎語云：

爹娘蓬頭，養個兒子尖頭。（同上）

謎底是筍，這也是擬人。又如：

紅牆門，白戶檻，一隻蝦蟆跳勒跳。（同上）

謎底是口。這是以人擬物的。

電子書購買

爽讀 APP

國家圖書館出版品預行編目資料

朱自清談中國歌謠：從古至今的歌謠紀事 / 朱自清 著 . -- 第一版 . -- 臺北市：複刻文化事業有限公司 , 2023.12

面；　公分

POD 版

ISBN 978-626-7403-37-2(平裝)

1.CST: 歌謠 2.CST: 中國

539.12　　112019411

朱自清談中國歌謠：從古至今的歌謠紀事

臉書

作　　者：朱自清

發 行 人：黃振庭

出 版 者：複刻文化事業有限公司

發 行 者：複刻文化事業有限公司

E-mail：sonbookservice@gmail.com

粉 絲 頁：https://www.facebook.com/sonbookss/

網　　址：https://sonbook.net/

地　　址：台北市中正區重慶南路一段六十一號八樓 815 室

Rm. 815, 8F., No.61, Sec. 1, Chongqing S. Rd., Zhongzheng Dist., Taipei City 100, Taiwan

電　　話：(02) 2370-3310　　　**傳　　真**：(02) 2388-1990

印　　刷：京峯數位服務有限公司

律師顧問：廣華律師事務所 張珮琦律師

定　　價：375 元

發行日期：2023 年 12 月第一版

◎本書以 POD 印製

Design Assets from Freepik.com